Schülerhilfe®
Das Original. Seit 1974.

W0249474

GUTE NOTEN IN DEUTSCH

KLASSE 6

ALEXANDER GEIST

tandem.VERLAG
print line

Zeichnungen: Sabine Völkers, Berlin
Layout: Cordula Schaaf, München
Umschlagabbildung: Anna Reich/fotolia
Umschlaggestaltung: [rincón]2 medien gmbh, Köln

www.tandem-verlag.de

Gesamtherstellung: Tandem Verlag GmbH, Potsdam

ISBN 978-3-8427-1197-6

Inhalt

6 Rechtschreibung

7 Zeichensetzung

Lösungen

★ Dieses Sternchen markiert Übungen und Regeln, die etwas anspruchsvoller sind oder nicht überall verlangt werden. Wenn du ganz sicher bist, dass du sie nicht brauchst, kannst du sie überspringen. Ansonsten gilt: Stell dich der Herausforderung!

1

Erzählen

„Hast du schon gehört, was mir passiert ist?“ – „Nein, erzähl mal!“
Einander etwas zu erzählen gehört zu den Lieblingsbeschäftigungen der Menschen. Schriftliche Erzählungen sind nur eine besondere Spielform. Die Tipps und Übungen auf den nächsten Seiten helfen dir dabei, Aufsätze lebendig und anschaulich zu gestalten.

1.1 Grundregeln des Erzählens

Alles klar?! **Eine Erzählung besteht aus drei Teilen:**

- **Einleitung** = klärt kurz die Ausgangslage, regt zum Weiterlesen an
- **Hauptteil** = führt die Geschichte in einzelnen **Erzählschritten** zum **Höhepunkt**
- **Schluss** = kurz und einfallsreich, rundet die Erzählung ab

In der Regel genügen zwei bis drei Erzählschritte vor dem Höhepunkt. Spannung entsteht durch Neugier auf den Ausgang der Geschichte. Der Höhepunkt bringt das Wesentliche der Geschichte, die Pointe, auf die alles zuläuft.

Übung 1 **Füge im folgenden Text die fehlenden Begriffe aus der Liste ein.**

glaubwürdig | Gedanken | lebendig | direkte Rede | nachvollziehbar
Spannungswörter | Gefühle | klar | Ursache | Fantasieerzählungen

Was du darstellst, soll wahrscheinlich und .... sein, sonst glaubt dir der Leser nicht. Nur in .... gelten andere Regeln. Wenn der Leser etwas nicht versteht, bricht die Spannung ab. Achte deshalb darauf, dass alles .... ist. Stelle Zusammenhänge .... dar, zum Beispiel solche zwischen .... und Wirkung. Eine Erzählung soll unterhalten. Erzähle daher anschaulich und .... und schildere .... und .... der Figuren. Lebendig wirkt auch der Einsatz der .... Lasse aber nicht den größten Teil des Aufsatzes im Gespräch ablaufen, denn das wirkt meist langweilig. Aus demselben Grund musst du auch .... (z. B. da, plötzlich, auf einmal) gezielt und sparsam verwenden.

Lösungen Seite 94

Übung 2 **Lies den folgenden Aufsatz über einen Volksfestbesuch und überlege: Was ist gut? Was ist nicht gelungen? Achte auch auf den Wortschatz.**

Da am Sonntag das Volksfest war, sagte ich immer wieder zu meiner Mutter: „Wann fahren wir endlich zum Volksfest?“ Daraufhin sagte mir meine Mutter immer wieder: „Bald!“ Auf der Hinfahrt dachte ich: „Bestimmt wird es die coolsten Karussells geben, wie z. B. TopSpin, Jumping und ‚Feuer und Eis'.“ „Endlich da!“, schrie ich in der Gegend herum und stellte mich sofort bei der Kasse für TopSpin an. Nachdem ich richtig durchgerüttelt worden war, schlenderte ich durch die Gegend zum Kandierte-Früchte-Stand. Dort bekam ich einen riesigen roten Apfel, der sooo lecker war. Anschließend sah meine Mutter alte Arbeitskollegen und sie laberten und laberten. Währenddessen bemerkte ich, dass es dort eine riesige Achterbahn namens „Fünf Olympische Ringe“ gab. „Da will ich hin!“, sagte ich meiner Mutter. „Sieht aber sehr gefährlich aus“, antwortete meine Mutter. „Na gut.“ Ich rannte sofort zur Kasse, und als ich bezahlt hatte, stieg ich mit einem mulmigen Gefühl in der Magengegend ein. „Mensch, geht das Ding ab!“, dachte ich. Als ich herauskam, musste ich mich erst einmal übergeben. Trotz allem war es eine spannende Zeit.

Alles klar?! **Die Einleitung einer Erzählung**

- ist kurz und regt zum Weiterlesen an,
- enthält alle Informationen, die zum Verständnis der folgenden Geschichte nötig sind,
- wird durch Absatz vom Hauptteil getrennt.

TIPP: Beginne mit einer direkten Rede oder einer Gefühlsäußerung.

schlechte Einleitung

Am letzten Wochenende fuhr ich mit dem Alpenverein in die Berge, um den Heuberg zu besteigen. Darauf hatte ich mich schon lange gefreut. Endlich kamen wir an und gingen auch gleich los. (Der Erzähler passt später einmal nicht auf, verliert die Gruppe und verirrt sich in ein Geröllfeld, was sehr gefährlich ist. Nur mit viel Glück kann er sich retten.)

gute Einleitung

Endlich Wochenende! Vor Freude zappelte ich im Bus ständig hin und her. Wir waren auf dem Weg in die Berge, zum Heuberg – den hatte ich bislang noch nicht bestiegen. Die zwei Stunden Fahrt kamen mir wie eine Ewigkeit vor, aber endlich, endlich waren wir am Ziel und wanderten los. Wenn ich nur da schon geahnt hätte, was mir heute noch bevorstand!

Lösungen Seite 94

Übung 3 **Formuliere eine bessere Einleitung für den Volksfestbesuch von Übung 2.**

Theater im Kopf
Um anschaulich zu erzählen, ist es ein guter Trick, sich voll und ganz in eine Figur hineinzuversetzen. Du spielst sozusagen im Kopf Theater. Überlege: Was kannst du in einer bestimmten Situation hören, sehen, schmecken, riechen? Welche Gefühle empfindest du – und wo spürst du sie in deinem Körper? Welche Gedanken gehen durch deinen Kopf? Notiere alles stichpunktartig auf einem Blatt und wähle dann aus, was du für deinen Aufsatz verwenden kannst.

Übung 4 **Notiere alles, was dir für den ersten Erzählschritt (Hinfahrt und Ankunft) einfällt. Denke an das „Theater im Kopf"! Verbessere dann den Erzählschritt.**

Übung 5 **Notiere alles, was dir für den zweiten Erzählschritt (Fahrt mit TopSpin) einfällt. Denke an das „Theater im Kopf"! Verbessere dann den Erzählschritt.**

Übung 6 **Verbessere nun den dritten Erzählschritt (Apfel, Arbeitskollegen der Mutter). Er darf eher kurz ausfallen. Warum ist dieser Abschnitt sinnvoll, obwohl sich die Spannung eigentlich nicht steigert?**

Übung 7 **Verfasse einen lebendigen Höhepunkt zur Volksfesterzählung. Hier ein paar Anregungen zum Ablauf:**

Die Mutter muss erst überredet werden, mit der Achterbahnfahrt einverstanden zu sein – vergnügtes Warten am Eingang, dann erste Zweifel, schließlich beruhigt sich aber der Erzähler – Wagen fährt mit gewaltiger Geschwindigkeit los – wilde Fahrt – schon nach dem zweiten Ring ist klar, dass dem Erzähler alles zu viel wird – nach dem vierten von fünf

 Lösungen Seite 94–95

Ringen Angst vor der letzten Runde – Erzähler würde am liebsten aussteigen – Schilderung der letzten Auf- und Abfahrt im Zeitlupentempo, Entsetzen, Panik, kein Blick mehr für die Umgebung – Ankunft unten: Erleichterung – zur Mutter torkeln – sie umarmt den Erzähler – Übelkeit steigt auf – Erzähler muss sich übergeben – will nur mehr nach Hause.

Alles klar?! **Der Schluss einer Erzählung**

- ist nicht zu lang,
- beginnt keine neue Geschichte,
- rundet die Erzählung ab,
- wird durch Absatz vom Hauptteil getrennt.

Übung 8 **Für einen wirkungsvollen Schluss gibt es verschiedene Möglichkeiten, die nicht bei jeder Geschichte passen. Lies die folgenden Beispiele und ordne zu.**

Überraschung – abschließende Meinungsäußerung – Ausblick – (nachdenkliche) Frage

Beispiele a/b zu: Ein Kind suchte auf einem Volksfest eine Stunde nach seinen Eltern.
Beispiele c/d zu: Eine Freundschaft ging durch einen dummen Scherz in die Brüche.

a) Dieses Erlebnis blieb mir noch viele Jahre in Erinnerung. Wenn wir wieder zu einem Volksfest oder in einen Erlebnispark gingen, dann besprachen wir anfangs immer ausführlich, wo und wann wir uns wieder treffen würden. Und seither passierte auch nie wieder etwas. ....

b) Das Erlebnis steckte mir noch tagelang in den Knochen. Ein Gutes hatte es aber: Ich wusste nun, wie sehr ich meine Eltern liebte und wie sehr ich sie brauchte. Daran dachte ich immer, wenn wir einmal wieder über etwas aneinandergerieten. ....

c) Wenn ich ab jetzt Gregor begegnete, fiel kein Wort mehr zwischen uns. Er verzieh mir meinen Fehler einfach nicht. Warum nur war ich damals so dumm und dachte mir diesen blöden „Scherz" aus? ....

d) Ein halbes Jahr verging, in dem Gregor und ich kein Wort mehr wechselten, wenn wir uns begegneten. Doch eines Tages, bei einer Party, kam er grinsend auf mich zu und meinte nur trocken: „Na, wie wär's, probieren wir es noch einmal?" Mir fiel ein Stein vom Herzen. ....

Lerntipp
Überarbeite gezielt einzelne Stellen oder Höhepunkte aus früheren Übungsaufsätzen. Jetzt gelingt es dir sicher, die Ereignisse deutlich besser zu erzählen.

Lösungen Seite 96

1.2 Spannend erzählen

Alles klar?! **Spannend erzählen – wie geht das eigentlich?**

Hier findest du konkrete Tipps:

- **Steigerung** (z. B. Gefahr wird größer)
- **unerwartete Wendung** (z. B. Hoffnung, die enttäuscht wird)
- **Ausbau der inneren Handlung** (z. B. nicht nur sagen „Ich habe Angst", sondern ausführlich Gefühle und Gedanken beschreiben)
- **Zeitlupe** (z. B. den Versuch, einen Hasen einzufangen, in kleinste Handlungsschritte zerlegen)
- **kurze Ablenkung vom eigentlichen Handlungsablauf** (siehe Kap. 1.1, Übung 6)

Übung 1 **Überlege dir mündlich zu den Beispielen eine überraschende Wendung.**

a) Du kletterst einen Baum hinauf und fühlst dich ganz sicher.
b) Du hast dich in einem Wald verirrt und findest einen Weg, der dir sehr bekannt vorkommt. Du gehst auf diesem Weg weiter.
c) Du bist wegen einer schlechten Note ganz verzweifelt.

Übung 2 **Überlege dir mündlich Gedanken und Gefühle, die du in folgenden Beispielen ausführlicher darstellen könntest.**

a) Du begegnest einer Bande von Kindern, die dich nicht mögen und denen du auch körperlich unterlegen bist.
b) Du freust dich auf ein bestimmtes Weihnachtsgeschenk.
c) Du ärgerst dich gewaltig über einen Freund, weil er dir einen Streich gespielt hat.

Übung 3 **Welche Gefahr besteht, wenn du bei den folgenden Beispielen die Steigerungsmethode anwendest?**

a) Du befindest dich in einem brennenden Haus.
b) Du wirst von einem großen, kräftigen Jungen angegriffen und wehrst dich.

Übung 4 ★ **In welche kleinen Schritten könnte man folgende Situation zerlegen: Du bist beim Bergwandern in ein Geröllfeld geraten, dort unfreiwillig zwanzig Meter heruntergerutscht und versuchst nun, langsam wieder hinaufzukommen.**

Lösungen Seite 96–97

1.3 Lebendig erzählen

Alles klar?! **Stelle Gefühle anschaulich und lebendig dar.**

Das hilft dir dabei:
- **Mimik** (Gesichtsausdruck), **Gestik** (Handbewegungen) und sonstige **körperliche Verhaltensweisen** beschreiben, die typisch für ein Gefühl sind
- **Gedanken** beschreiben, die in der erzählten Situation auftreten

TIPP: Für praktisch alle Gefühle gibt es typische Ausdrücke und Redewendungen, die du wie Vokabeln auswendig lernen kannst. Lege Listen mit einem **„Gefühlswortschatz“** an.

Übung 1 **Notiere auf einem Blatt möglichst viele Wörter und Ausdrücke, um Freude zu schildern.**

Übung 2 **Mache dasselbe für das Gefühl Trauer.**

Übung 3 **Finde zahlreiche Ausdrücke zur Beschreibung von Wut.**

Übung 4 **Ausdrücke für Angst kennst du sicher viele. Sammle sie auf einem „Angst-Blatt“ und ordne sie nach leichter, mittlerer und starker Angst.**

Kampf den Allerweltswörtern – auch mit Vokabellisten!
Allerweltswörter sind z. B. *sagen, sehen, gehen, machen, tun, sein.* Sie klingen langweilig und verderben die sprachliche Qualität deines Aufsatzes.
Sammle bessere Ausdrücke und notiere sie in Listen, z. B. eine „gehen“-Liste, eine „sehen“-Liste usw. Anregungen findest du in deinen alten Schulheften, Sprachbüchern, deiner Lektüre oder in Nachschlagewerken. Du kannst diese „Vokabeln“ für Prüfungen pauken, um bessere Aufsätze zu schreiben.

Lösungen Seite 97

Alles klar?! **Bildliche Sprache**

- Die Sprache enthält viele Formulierungen, die etwas **bildlich ausdrücken**. Mit ihnen lässt sich ein Aufsatz viel lebendiger gestalten.
- Die häufigsten Formen sind **Vergleiche**: *Er kämpfte wie ein Löwe.*
- Vergleiche ohne das Wörtchen „wie“ nennt man **Metaphern (Sprachbilder)**: *Er war ein Löwe in der Schlacht.*

Übung 5 **Die folgenden Ausdrücke sind durcheinandergeraten. Suche die richtigen Wortzusammensetzungen. Beispiel: stockrot, knallsteif → stocksteif, knallrot**

a) pechweiß, schneeschwarz → ....

b) zuckergrün, giftsüß → ....

c) messernass, klatschscharf → ....

d) faustmüde, toddick → ....

e) blitzteuer, sündschnell → ....

f) stinkhart, steinsauer → ....

g) brandkalt, eisrot, blutneu → ....

Übung 6 ★ **Ergänze die Sätze durch einen passenden Tiervergleich.**

a) Er kämpfte wie ein ....

b) Dabei war er stumm wie ein ....

c) Sein Gegner hingegen schimpfte wie ein ....

d) Allerdings war er flink wie ein .... , nicht langsam wie eine .... , und passte auf wie ein ....

e) Wer kämpft, darf natürlich nicht scheu wie ein .... sein.

f) Er muss sich so klug wie ein .... verhalten.

g) Ob er freilich hässlich wie eine .... ist, das ist egal.

Lösungen Seite 97

Übung 7 **Schreibe den Text ab und ersetze dabei die unterstrichenen Ausdrücke durch eine passende Redewendung aus der folgenden Liste:**

sich aus dem Staub machen, jemandem aufs Dach steigen, etwas wie die Pest hassen, aus der Mücke einen Elefanten machen, mit der Tür ins Haus fallen, beleidigte Leberwurst spielen, hinter die Ohren schreiben, auf glühenden Kohlen sitzen, ein Brett vor dem Kopf haben, mit seinem Latein am Ende sein, ein Licht geht auf, ein Stein fällt vom Herzen, Feierabend

Ich <u>kann nicht klar denken</u>, was die Hausaufgaben betrifft. Zurzeit <u>verstehe ich da gar nichts mehr</u>. <u>Ich bin ganz ungeduldig</u>. Plötzlich kommt mein Bruder und <u>fragt ganz direkt</u>: „Kann ich an deinem Computer spielen?“ Dabei weiß der Kerl, dass ich das <u>gar nicht mag</u>. „Das ist mein Computer. <u>Merke dir das</u>! Sonst <u>mache ich dir furchtbaren Ärger</u>“, schimpfe ich ihn. Er <u>ist beleidigt</u>, <u>verschwindet</u> aber mit den Worten: „<u>Übertreibe nicht immer so maßlos</u>!“ Da <u>fällt mir endlich die Lösung ein</u>. <u>Ich fühle mich ganz erleichtert</u>. Endlich ist <u>Schluss mit der Arbeit</u>!

Übung 8 **Was gehört zusammen?**

Redewendung	**Bedeutung**
1) etwas nimmt kein Ende	a) glauben, dass etwas schlecht ausgeht
2) sich ins Zeug legen	b) eine Gefahr nicht sehen wollen
3) den Teufel an die Wand malen	c) sich sehr peinlich benehmen
4) jemanden an der Nase herumführen	d) sich anstrengen
5) in jedes Fettnäpfchen treten	e) ganz genau nehmen, was jemand sagt
6) den Kopf in den Sand stecken	f) nichts verändern
7) jedes Wort auf die Goldwaage legen	g) jemanden hereinlegen
8) alles beim Alten lassen	h) etwas hört nicht auf

1 ….. , 2 ….. , 3 ….. , 4 ….. , 5 ….. , 6 ….. , 7 ….. , 8 …..

Lösungen Seite 98

1.4 Einen Erzählkern ausgestalten

Alles klar?! Erzählkern

Von der Vorgabe zur Erzählung:

- Oft bekommt du eine kurze Nachricht als Vorlage. Nachrichten sind jedoch anders aufgebaut als Erzählungen, daher sind meist Umformungen und Ergänzungen erforderlich. Berücksichtige dabei die wesentlichen Bestandteile der Vorgabe.
- Entwickle eine Spannungskurve mit Erzählschritten und Höhepunkt.
- Erfinde – zur Geschichte passend – eine Einleitung und einen Schluss.
- Lege die Perspektive (Sichtweise) der Erzählung fest.

Übung 1 **Entwirf für den folgenden Erzählkern einen Erzählplan: Notiere dazu auf einem Blatt Stichwörter zu Einleitung, drei Erzählschritten, Höhepunkt und Schluss. Ich-Erzähler ist der verunglückte Junge.**

Zwei Jungen fuhren während des Winterurlaubs an einem Nachmittag Schlitten. Weil sie nicht ortskundig waren, bemerkten sie nicht, dass der Hang, von dem sie starteten, in einem gefrorenen und schneebedeckten See mündete. Ein Junge brach ins Eis ein, als er dort ankam. Nur weil der andere so schnell Hilfe holen konnte, war es möglich, das Opfer zu retten.

Übung 2 **Spiele „Kopf-Theater" (siehe S. 8): Welche Gedanken gehen dem verunglückten Jungen durch den Kopf, während er auf seine Rettung wartet?**

Übung 3 **Welche Hindernisse könnten sich bei der Rettung des Jungen auftun? Achtung: Deine Antwort muss glaubwürdig sein!**

Übung 4 **Schreibe jetzt einen Aufsatz zu dem Erzählkern von Übung 1. Im Lösungsteil findest du dazu ein Musterbeispiel.**

Lösungen Seite 98

1.5 Ein Märchen erfinden (Schreiben nach Vorbildern)

Alles klar?! **Grundmerkmale von Märchen**

- Figuren: Wesen aus dem Zauberreich, Menschen aus Königshäusern und dem einfachen Volk, (sprechende) Tiere und Gegenstände bzw. verzauberte Menschen und Gegenstände; Figuren sind oft namenlos
- Eigenschaften der Figuren: eindeutige Gegensätze (gut – böse, schön – hässlich usw.); oft auch übernatürliche Kräfte
- magische Gegenstände, magische Zahlen (3, 7, 12) und kostbare Dinge
- typische Orte, keine geografisch bestimmbaren Gegenden
- „in alten Zeiten", meistens in einer mittelalterlichen Lebenswelt ohne moderne Technik

Übung 1 **Welche Märchen kennst du? Sammle Beispiele für a) typische Märchenfiguren, b) typische Orte, c) magische Gegenstände und kostbare Dinge. Schreibe auf ein Blatt.**

Übung 2 **Füge im folgenden Text die fehlenden Begriffe aus der Liste unten ein:**

weh – Rettung – verlieren – Prüfungen – Erlösung – schwere Aufgaben – Schwierigkeit – siegen – helfen oder schaden – verzauberte

Die Hauptfigur muss Schwierigkeiten überwinden, ... lösen oder .... bestehen.

Die Aufgaben steigern sich in ihrer .... , wodurch Spannung entsteht. Die Guten .... und erhalten ihren Lohn, die Bösen .... und werden bestraft.

Wesen aus dem Zauberreich .... der Hauptfigur.

Oft warten .... Menschen auf ....

oder auf ....

Verletzungen tun selten ...., Mord und Gewalt werden wie selbstverständlich berichtet und hingenommen.

Lösungen Seite 100

Alles klar?! **Typischer Märchenaufbau**

- wie normale Erzählungen: Einleitung, Hauptteil mit Erzählschritten und Höhepunkt, Schluss
- Bedeutung der **Zahl Drei**: oft drei Prüfungen oder drei gefährliche Situationen, die die Hauptfigur überwinden muss, oder drei Rätsel, die sie lösen muss; der dritte Schritt ist jeweils der schwierigste und gehört in den Höhepunkt

Übung 3 **Lies folgendes Märchen eines Schülers, das dieser zu den Reizwörtern *Schreiner – Eiche – König* geschrieben hat, und verfasse einen Erzählplan wie auf S. 14.**

Der Schreiner und die Eiche

Es war einmal ein Land, in dem ein gieriger, böser König herrschte. Die Menschen waren sehr arm, doch die Gier nach Gold ließ den König die Steuern immer weiter erhöhen. Weil die meisten Leute sie nicht bezahlen konnten, kamen viele in den Kerker.

In diesem Land lebte auch ein Schreiner mit seiner geliebten Familie. Als er seine Steuern nicht bezahlen konnte, nahm der König seine Familie als Pfand und kündigte an: „Wenn du nicht in drei Monaten bezahlst, werden deine Familie und du für ewig meine Sklavensein!" Der Schreiner nahm eine Axt und zog in den Wald, um einen passenden Baum für seine nächsten Werke zu fällen. Nach einiger Zeit entdeckte er auf einer Lichtung eine hundertjährige Eiche. Als er jedoch seine Axt ansetzte, begann die Eiche zu sprechen: „Ich kann dich nicht davon abhalten, mich zu fällen, und ich weiß, dass du es aus purer Not tust. Aber erfülle mir einen Wunsch: Schnitze eine Flöte aus dem Holz in der Mitte meines Stammes! Wenn du vor einem meiner Brüder stehst und auf der Flöte spielst, erwacht die Eiche zum Leben und hört auf deinen Befehl." Der Schreiner dankte der Eiche und tat, was sie ihn geheißen hatte. Er sprach zu sich: „Mit dieser Flöte und der Macht aller Eichen dieses Landes könnte ich das Volk von der Herrschaft des bösen Königs befreien." Die Burg Rabenstein, wo der furchtbare Herrscher wohnte, lag zwar sieben Wochen weit entfernt, doch der entschlossene Schreiner machte sich auf den Weg. Nach sieben Tagen konnte er einen Sumpf nicht überqueren, an dem viele Eichen standen. Da griff er nach der Flöte, blies kräftig hinein und sprach:

„Eichen im Sumpf,
Eichen so alt,
hebt über den Sumpf mich,
und zwar bald!"

Noch ehe der Schreiner sich versah, schossen einige Äste auf ihn zu, umschlangen seine Hüfte und hoben ihn in die Luft. So gelangte er von Eiche zu Eiche, bis er schließlich wieder auf festem Boden stand.
Nach weiteren sieben Tagen kam er in einen dunklen, dunklen Wald. Als er schnellen Schrittes einen kleinen Pfad entlangwanderte, da sprang plötzlich ein riesiger Räuber

Lösungen Seite 100

mit schrecklichem Geschrei aus einer Baumkrone. Blitzschnell blies der Schreiner da auf seiner Flöte und schlug mithilfe der Eichen den Räuber in die Flucht.
Nach insgesamt sieben gefahrvollen Wochen, in denen er oft Hunger und Durst litt, gelangte er zu einem Eichenhain vor den Toren der Hauptstadt. Er blies in seine Zauberflöte und befahl den Bäumen, ihm zu folgen. Als der Schreiner und sein Gefolge die düstere, schwarze Burg Rabenstein betraten, stürzten die Soldaten auf sie los. Pfeile prasselten hernieder, Speere zerschnitten die Luft, doch die Eichen des Schreiners kümmerte das nicht, sie packten die Soldaten und schleuderten sie mit ihren Ästen durch die Luft. Erneut zückte der Schreiner seine Flöte, bließ kräftig hinein, und befahl:

„Zermalmt mit euren Ästen
diese Teufel in Menschengestalt,
die immer nur protzten mit Festen
und quälten das Volk mit Gewalt!“

In Windeseile ergriffen die Eichen auch den König und seine Berater und zerquetschten sie.

Der Schreiner befreite seine Familie und wurde vom Volk zum neuen König gekrönt. Unter dem klugen Schreiner herrschten im Königreich bald Frieden und Wohlstand. Und wenn er nicht gestorben ist, dann regiert er noch heute.

Übung 4 **Welche typischen Merkmale eines Märchens enthält dieser Aufsatz? Notiere Stichpunkte auf ein Blatt.**

Lösungen Seite 100

Alles klar?! **Typische Merkmale der Märchensprache**

- alltägliche Sprache
- Zauber- und Beschwörungsverse, Hexensprüche und Ähnliches
- altertümliche Ausdrücke: *Kerker/Verlies* statt *Gefängnis*, *Greis* statt *alter Mann*
- formelhafte Wendungen: *Es war einmal …, … und wenn sie nicht gestorben sind, dann leben sie noch heute.*

Übung 5 **Ordne die altertümlichen und die heutigen Begriffe einander zu.**

(1) junge Frau, (2) junger Mann, (3) alte Frau, (4) Ehemann/Ehefrau, (5) Zwerg, (6) Pferd, (7) böse sein, (8) wütend sein/schimpfen, (9) sich sehr freuen, (10) jemandem helfen

(a) die Maid (Plural: die Maiden), (b) Greisin, (c) der Gnom, (d) von schlechter Gesinnung sein, (e) außer sich vor Freude sein, (f) Jüngling, (g) Gemahl/Gemahlin, (h) das Ross (die Rosse), (i) Gift und Galle speien (Imperfekt: spie), (j) jemandem beistehen

1 ….. , 2 ….. , 3 ….. , 4 ….. , 5 ….. , 6 ….. , 7 ….. , 8 ….. , 9 ….. , 10 …..

Übung 6 **Wie Übung 5!**

(1) fragen, (2) früher, (3) sehr, (4) sofort, (5) einkaufen gehen, (6) einfaches Haus (armer Leute), (7) kleines Zimmerchen, (8) Zimmer (in normalen Häusern), (9) Zimmer (in Schlössern), (10) Gefängnis

(a) zu wissen begehren, (b) über die Maßen, (c) sich zum Markt begeben, (d) Kämmerlein, (e) das Gemach (die Gemächer), (f) in alten Zeiten/vor langer Zeit/einst, (g) auf der Stelle/mit einem Male, (h) die Kate (die Katen), (i) Stube, (j) der Kerker/das Verlies

1 ….. , 2 ….. , 3 ….. , 4 ….. , 5 ….. , 6 ….. , 7 ….. , 8 ….. , 9 ….. , 10 ….

Du möchtest bei deinem Lehrer Eindruck machen?

- Lege dir Vokabellisten mit altertümlichen Ausdrücken an und lerne sie. Diese Ausdrücke bereichern deine Märchen.
- Lies zur Vorbereitung einer Klassenarbeit viele Märchen und sammle Ideen.
- Wenn du in den Märchen schöne, altertümliche Ausdrücke findest, frage deine Eltern oder deinen Lehrer nach der Bedeutung und notiere sie auch auf deiner Märchen-Vokabelliste.

Lösungen Seite 100–101

Übung 7 ★ **Schreibe den Text ab und ersetze die unterstrichenen Ausdrücke durch altertümliche. Verwende die Ausdrücke aus den Übungen 5 und 6 und aus folgender Liste.**

das Hochzeitsfest ausrichten – mit vergnügtem Herzen – geschwind – sich auf der Stelle fortmachen – schluchzen – zum Manne/zum Weibe nehmen – im Morgengrauen/bei Tagesanbruch – eine Freude bereiten – vor Neid erblassen – sorgsam betrachten

Eine junge Frau ging einkaufen. Sie freute sich sehr über die hübschen jungen Männer dort und schaute sie genau an. Da kam eine alte Frau. Sie war böse und schimpfte: „Früher gab es so etwas nicht. Aber komm in mein einfaches Haus! Dort habe ich ein Zimmerchen für dich. Ich werde dir eine Freude machen. Alle werden neidisch sein.“ Die junge Frau folgte ihr froh. Doch in dem Haus wartete ein Zwerg. „Den sollst du in der Frühe heiraten. Er ist dein künftiger Ehemann.“ Das Mädchen weinte und schrie: „Hilft mir denn niemand? Ich will aus diesem Gefängnis heraus und in das Zimmer eines Schlosses!“ Da lief der Zwerg schnell zu ihr, küsste sie und verwandelte sich in einen Prinzen. Die Alte kreischte sehr und verschwand sofort. Und der Prinz sprach: „Jetzt organisieren wir die Hochzeit.“ Und wenn sie nicht gestorben sind, so leben sie noch heute.

Alles klar?! **Die Gefahren beim Schreiben von Märchen**

- Zügle deine Fantasie: Baue nicht zu viele verschiedene Handlungsteile und zu viel „Action“ ein. Die Teile müssen sinnvoll zusammenhängen.
- Handlungsbestandteile müssen zur Geschichte passen. Schlechte Beispiele:
  Ein Laserschwert passt nicht in Märchen, die im Mittelalter spielen.
  Ein bösartiger Zwerg wird normalerweise nicht zum guten Prinzen verwandelt.
- Das Geschehen soll lebendig erzählt, nicht nur berichtet werden.
- Der Höhepunkt muss gründlich ausgearbeitet werden.

Übung 8 **Entwirf einen Erzählplan für ein Märchen zu den Reizwörtern *hoher Berg – Hexe(n) – entlassene Dienerin.***

Lösungen Seite 101

Abschlusstest (60 Minuten)

Wähle eine der beiden Aufgaben aus.

Aufgabe 1 **Entwickle aus folgendem Erzählkern eine lebendige und spannende Erzählung (Ich-Perspektive).**

Aus Angst vor schlechten Noten im Zwischenzeugnis versteckte sich ein zwölfjähriger Schüler (eine zwölfjährige Schülerin) aus Oberhausen trotz grimmiger Kälte rund 24 Stunden in einem Waldgebiet nahe seines (ihres) Heimatortes. Nach Angaben der Polizei war der Junge (das Mädchen) mit dem Fahrrad, zwei Schlafsäcken und einer Wolldecke am Montag aus dem Elternhaus verschwunden. Als der Jugendliche (die Jugendliche) nicht nach Hause kam, wurde die Polizei eingeschaltet. Einige Stunden nach der Suchmeldung fand eine Streife den Ausreißer (die Ausreißerin) unterkühlt auf.

Aufgabe 2 **Schreibe ein Märchen zu *einer* der folgenden Reizwörter-Reihen:**

a) armer Bauernbursche – Wald – Riese(n)
b) Waisenkind (Mädchen oder Junge nach deiner Wahl!) – sprechende Bäume – Prinz
c) tiefe Schlucht – sprechende(s) Reh(e) – goldene Äpfel
d) Geschwister (beliebige Kombination und Zahl!) – Fee – reißender Fluss

Überprüfe deinen Aufsatz anhand folgender „Checkliste“:

- Passt dein Aufsatz durchgehend zum Thema? Bei Märchen: Enthält dein Märchen typische Merkmale von Märchen?
- Enthält die Einleitung alle wichtigen Informationen und regt sie zum Weiterlesen an?
- Umfasst der Hauptteil mindestens zwei Erzählschritte plus Höhepunkt?
- Enthält dein Aufsatz Gedankensprünge, unklare Stellen oder Widersprüche?
- Beschränkt sich dein Aufsatz auf eine zusammenhängende Handlung?
- Verwendest du die direkte Rede (aber nicht im Übermaß)?
- Schilderst du durchgehend und besonders stark am Höhepunkt Gefühle und Gedanken?
- Zögerst du die Spannung am Höhepunkt hinaus?
- Verwendest du lebendige Ausdrücke (z.B. Redewendungen) und vermeidest du Wiederholungsfehler und Allerweltswörter?
- Verwendest du in einem Märchen typische Märchenausdrücke?

Bewertung: Eine Bewertung nach Punkten, wie in den anderen Abschlusstests dieses Bandes, ist hier nicht möglich. Am besten zeigst du den Aufsatz jemand anderem (deinen Eltern oder vielleicht auch deinem Lehrer) und bittest ihn, dir eine genaue Rückmeldung anhand der Checkliste zu geben.

2 Berichten und Beschreiben

Hast du schon einmal selbst Möbel aufgebaut oder mit einer Anleitung ein neues Spiel erlernt? Dann weißt du, was eine gute von einer schlechten Beschreibung unterscheidet. Auch Berichte können im Leben sehr wichtig werden: wenn du z.B. einen Unfall hast und es um die Schuldfrage oder um Schadenersatzforderungen geht. Es gilt auf jeden Fall: „Nicht für die Schule, sondern für das Leben lernen wir.“

2.1 Grundregeln des Berichts

Alles klar?! Ein Bericht

- enthält genaue und wahrheitsgetreue **Angaben** über **Ort, Zeit, Beteiligte, Ablauf** und **Ergebnis oder Folgen** eines Ereignisses,
- beschränkt sich auf das **Wesentliche**,
- **lässt Einzelheiten weg**, die für das Verständnis unnötig oder bereits bekannt sind.

Die 7 W-Fragen:
(1) **Was** geschah? (2) **Wer** war beteiligt? (3) **Wo** geschah der Vorfall? (4) **Wann** geschah er? (5) **Wie** geschah er? (6) **Warum** geschah er? (7) **Welche Folgen** ergaben sich?

Übung 1 **Erinnere dich an deine letzte Geburtstagsparty. Notiere dir auf einem Blatt die Antworten zu allen W-Fragen als Grundlage für einen Bericht. (Lösungsvorschlag bei Übung 3)**

Alles klar?! Aufbau eines Berichts

- **Einleitung:** Angaben zu Zeit, Ort, Beteiligten und zum Ereignis (in Kurzform!)
- **Hauptteil:** Wiedergabe des Ereignisses in seinem zeitlichen Ablauf (keine Spannungskurve, kein Höhepunkt!)
- **Schluss:** Angaben zu dem Ergebnis oder den Folgen

Übung 2 **Mache dir stichpunktartige Notizen für die drei Teile eines Berichts über deine letzte Geburtstagsparty. (Lösungsvorschlag bei Übung 3)**

Alles klar?! Sprachliche und formale Regeln eines Berichts

- streng sachliche Sprache sowie knappe und genaue Beschreibung des Geschehens
- Verzicht auf direkte Rede
- sachliche Schilderung von Gefühlen, z. B. als Ursache für ein Ereignis: *Aus Freude über das Geschenk sprang Marco Meier in die Luft und stieß sich dabei den Kopf an.*
- Zeitform = Imperfekt/Präteritum (erste Vergangenheit)
- anspruchsvoller Satzbau: nicht nur Hauptsätze, sondern Satzgefüge aus Haupt- und Nebensätzen, auch um Zusammenhänge auszudrücken: *Weil infolge des Regens die Wiese durchweicht war, konnten wir nicht zelten.*

Übung 3 **Verfasse aufgrund deiner Vorarbeiten (Übungen 1 und 2) und unter Berücksichtigung der Regeln einen Bericht.**

Lösungen Seite 102

2.2 Bericht über einen Raubüberfall

Alles klar?! **Bei einem Bericht über einen Raubüberfall**

- gelten allgemeine Regeln für einen Bericht (z. B. Unfallbericht),
- kommen genauere Angaben über Zeugen und Täter hinzu.

Übung 1 **Lies die folgende Aussage des Opfers eines Raubüberfalls. Notiere dir auf einem Blatt die Antworten auf die W-Fragen.**

Aussage von Frau Isolde Weisath (Sie wird in einem Monat 65 Jahre alt. Ihre Angaben macht sie am Tag des Überfalls – 14.4. – mittags im Krankenhaus.):
Ach ich arme alte Frau! Da steh ich nun in der Junoldstraße hier in Rankhausen vor dem Reisebüro Schätzlein und warte auf mein Taxi. Es war heute ein so friedlicher Samstagmorgen. Ich wollte zu meiner Enkelin nach Berlin fliegen und schau auf meine Uhr. 6.55 Uhr ist es schon. Da kommt auch ein Auto, aber es war nicht das Taxi. Es war so ein alter Karren, der plötzlich vor mir bremst. Und da springt so ein widerlicher Typ raus, rast auf mich zu und hält mir ein Jagdgewehr vor die Nase! Aber ab dem Moment weiß ich gar nix mehr. Kommt wahrscheinlich von der Ohnmacht und dem Schrecken. Als ich aufgewacht bin, standen plötzlich diese zwei netten Polizisten da. Die haben mich gleich ins Krankenhaus gebracht. Ich bin doch hingefallen und habe mir an meinem Hinterkopf eine böse Platzwunde geholt. Die haben mir die Ärzte nähen müssen. Meine ganze Frisur ist ruiniert. Gott sei Dank habe ich keinen Schock. Ach ja, der widerliche Räuber hat mir meine geliebte Kalbsledertasche weggenommen. Die war dunkelrot und ganz, ganz teuer. 600 Euro! In der Tasche, da war meine Geldbörse. Aber da waren nur ungefähr 25 Euro drin. Das andere Geld trag ich in einem Beutelchen unter meinem Rock. Und dann waren in der wunderschönen Handtasche noch mein Reisepass und meine Bankkarte.

Übung 2 **Lies die folgenden Aussagen des Opfers eines Raubüberfalls. Ergänze auf deinem Blatt die Antworten auf die W-Fragen.**

Zeugin Heike Ettelt, 24 Jahre alt:
O Gott, wo leben wir da nur? Ich war schon früh in meinem Musikgeschäft und gebe ein paar Bestellungen in den Computer ein. Ja, ich schaue aus meinem Schaufenster. Gegenüber sehe ich die nette ältere Dame. Plötzlich kommt da von der Innenstadt ein grünes Auto, ein Mercedes 200, dahergerast, bleibt stehen und dieser furchtbare Mensch mit seinen hässlichen dunkelbraunen Haaren läuft raus. Eine hellbraune Jeans hatte der an und ein weiß-grün-kariertes Hemd. Und hellbraune Sandalen hatte der. Der droht der Frau mit einem Gewehr – und die Dame fällt in Ohnmacht. Dann reißt er ihr die Tasche weg und rast ins Auto zurück. Aber das ist nicht mehr angesprungen, stellen Sie sich vor. So ein Depp! Also er wieder raus aus dem Auto. Dann spurtet er los auf der Junoldstraße in die Richtung, wo der Wallischplatz liegt. Ich geh schnell aus der Tür raus und seh noch, wie er da vorn, beim Fischgeschäft Raßhofer, in den Rißweg hineinläuft. Dann war er weg und wurde nicht mehr gesehen. Ich hab gleich die Polizei angerufen.

Lösungen Seite 102

Zeuge Wolf Scherer, 63 Jahre alt:
Also, ich bin gern Straßenkehrer. Ich habe ganz gemütlich meine Straße, die Junoldstraße, gekehrt und mache da ein kleines Päuschen und stehe da vor dem Ökoladen Dehm. Das sind da vielleicht zehn Meter zu dem Punkt, wo da die arme Frau gestanden ist. Da kommt der Täter da, Sie wissen ja schon, woher er kam und womit er da kam. Und was er dann getan hat, das wissen Sie auch schon. Also, das war so ein Kerl mit einer stämmigen Figur, und so 1,85 m groß war er, schätze ich mal. Einen Bart hat er auch gehabt und eine furchtbar hässliche Brille: so ein Ding ohne Rand. Und so jung war der da auch nicht mehr, ich schätze mal so um die 50 Jahre alt war der da. Und da schreit er die Dame an: „Gib mir deine Kohle, Alte, aber zackig!“ Einen ganz starken hessischen Dialekt redet dieser Typ. Jedenfalls ist die Dame vor Schreck da gleich in Ohnmacht gefallen. Und wie es dann weitergeht, das hat ihnen ja das junge Fräulein von dem Musikgeschäft da schon gesagt. Und von den Polizisten habe ich übrigens noch erfahren, dass der alte Karren, den der Kerl fuhr, kein Autokennzeichen hatte, nicht einmal eine Fahrgestellnummer. Wem das Auto gehört, kann man also gar nicht feststellen.

Übung 3 **Verbessere die folgende Einleitung zu einem Bericht über den Raubüberfall. Überlege bei jeder Information: Gehört sie in die Einleitung? Prüfe außerdem, ob eine wichtige Information fehlt.**

Am Samstag, dem 14. April, wurde eine Frau, die ihre Enkelin besuchen wollte, um 6.55 Uhr in der Junoldstraße Opfer eines Raubüberfalls durch einen dummen Täter.

Fasse zusammen! Bei einem Bericht brauchst du die verschiedenen Aussagen nicht hintereinander einzeln in Berichtsform zusammenfassen. Viele Angaben würden sich nur wiederholen. Getrennte Angaben sind nur nötig, wenn sich Aussagen widersprechen.

Übung 4 **Prüfe die folgende Fassung des Hauptteils: a) Welche Informationen sind *falsch* wiedergegeben? b) Welche Informationen *fehlen*? c) Welche Angaben sind *überflüssig*? d) Unterstreiche die *unsachlichen* oder *umgangssprachlichen Formulierungen*.**

Isolde Weisath (65), die ihre Enkelin besuchen wollte, stand vor einem Haus, als ein Wagen vor ihr hielt. Ein Typ sprang aus seiner Karre, fuchtelte vor Isolde Weisath mit einer Pistole herum und verlangte von ihr Kohle. Nachdem es sie vor Schreck umgehauen hatte, klaute ihr der Typ die Handtasche, flüchtete zu Fuß auf der Junoldstraße und bog in den Wallischplatz ein. Er wurde leider nicht gefasst, obwohl die Polizei schnell eintraf. Die Beamten transportierten Isolde Weisath ins Krankenhaus.

Übung 5 **Schreibe eine verbesserte Form des Hauptteils.**

Lösungen Seite 102–103

Alles klar?! **Folgen eines Vorfalls beschreiben**

Nenne **erst die Personenschäden** (z. B. Verletzungen), **dann die Sachschäden**.

Übung 6 **Wie Übung 4.**

Die Alte, als sie auf den Boden knallte, bekam wegen des Ohnmachtsanfalls keinen Schock, aber eine Platzwunde, die im Krankenhaus genäht werden musste. Die geklaute Kalbsledertasche im Wert von 60 Euro enthielt eine Geldbörse und einen Reisepass. Außerdem wurde ein Beutel mit Geld, der sich unter dem Rock von Isolde Weisath befand, entwendet.

Die **Angaben über die Zeugen** (Alter, genauer Standort) sind wichtig, damit man später überprüfen kann, ob sie einen Vorfall genau haben beobachten können. Der **Abschnitt über den Täter** ist vor allem dann wichtig, wenn der Täter flüchtig ist.

Übung 7 **Wie Übung 4.**

Zeugen der Gemeinheit wurden Heike Ettelt, die den Vorfall durch das Schaufenster ihres Musikgeschäfts beobachtete, wo sie Bestellungen eingab, und Wolf Scherer (36), der sich etwa zwölf Meter neben dem armen Opfer befand und die Straße kehrte.

Alles klar?! **Täterbeschreibung = Personenbeschreibung**

Schritt 1: weitgehend **unveränderliche Merkmale** (Alter, Körpergröße, Besonderheiten der Sprache usw.)
Schritt 2: **veränderliche Merkmale** (Haare, Bart, Kleidung)

Übung 8 **Wie Übung 4.**

Der stark hamburgisch sprechende Gangster, der aus der Innenstadt kam, ist etwa 1,58 m groß und fett. Er hatte hässliche dunkle Haare und trug eine Brille. Seine Klamotten waren eine Jeans und ein weiß-grün-kariertes Hemd. Bei dem Mercedes, den er fuhr und der nicht mehr ansprang, fehlte das Autokennzeichen.

Übung 9 **Verbessere nun die Abschnitte über die Folgen, die Zeugen und den Täter.**

Lösungen Seite 103–104

2.3 Vorgangsbeschreibung

Alles klar?! **Ziel, Formen und Sprache einer Vorgangsbeschreibung**

- **Ziel:** einen Vorgang genau nachvollziehen und verstehen können
- **Formen:** Kochrezepte, Spiel- und Bastelanleitungen, Aufbau- und Bedienungsanleitungen, Beschreibung besonderer Tätigkeiten (z.B. Reparaturen) oder von Experimenten usw.
- **Sprache:** sachlich und auf das Wesentliche konzentriert (keine Ausschmückungen, Meinungen); Verwendung von verständlichen Fachbegriffen
- **Zeitstufe:** Präsens (Gegenwart)

Übung 1 **Welches Material braucht man, um ein Fahrrad zu putzen? Sammle Stichpunkte auf einem Blatt.**

Alles klar?! **Abschnitt 1 einer Vorgangsbeschreibung**

- Aufzählung aller benötigten Gegenstände in sinnvoller Reihenfolge
- Hinweise auf Besonderheiten, z. B. welche Materialien besonders gut oder besonders schlecht geeignet sind.

Übung 2 **Formuliere den ersten Abschnitt einer Vorgangsbeschreibung zum Thema „Fahrrad putzen“. Beginne so: *Um ein Fahrrad zu putzen, benötigt man …***

Alles klar?! **Abschnitt 2 einer Vorgangsbeschreibung**

Sammeln von Informationen über Vorbereitungen, die man treffen muss, bevor man den Vorgang ausführen kann

Übung 3 **Formuliere den zweiten Abschnitt mithilfe folgender Stichpunkte.**

Kleidung anziehen, die schmutzig werden darf; geeigneter Platz (Abfluss; kein Rasen, weil …); Reinigungsmittel in den Eimer mit warmem Wasser; falls man das Rad auf Sattel und Lenker stellt, um bestimmte Teile besser putzen zu können, sollte man Zeitung unterlegen, weil …

Lösungen Seite 104–105

Alles klar?! **Abschnitt 3 einer Vorgangsbeschreibung**

Beschreibung des eigentlichen Vorgangs:
- auf eine **durchdachte Reihenfolge der Arbeitsschritte** achten
- wenn nötig, **Begründungen** geben, warum man so und nicht anders vorgehen sollte
- bei längeren Vorgängen **sinnvolle Absätze** machen

Übung 4 **Formuliere den dritten Abschnitt mithilfe der folgenden Stichpunkte.**

erst grob, dann fein … Grobreinigung mithilfe von Schlauch (Worauf muss man achten?) oder tropfnassem Schwamm (Worauf muss man achten?);
Reinigung der Reifen vor der Feinreinigung;
Feinreinigung von oben nach unten, weil … dabei Lappen immer wieder säubern, gegebenenfalls auch Wasser austauschen, wenn schmutzig;
Hinweise, wie man den Rahmen reinigt;
Hinweise, wie man besondere Teile des Fahrrades putzt, z. B. Speichen, Nabe;
bei elektrischen Teilen nur mit leicht feuchtem, nicht mit tropfnassem Tuch arbeiten, weil …;
Sattel aus Leder: Lederpolitur;
gründlich trocken reiben (nicht in der Sonne trocknen lassen, weil …);
eventuell Metallteile polieren

Alles klar?! **Abschnitt 4 einer Vorgangsbeschreibung**

- ergänzende Hinweise
- nützliche Tipps

Übung 5 **Formuliere nun den letzten Abschnitt mithilfe der folgenden Stichpunkte.**

Einölen der Kette,
Kontrolle der Lampen
und Bremsen …

Lösungen Seite 105

2.4 Spielanleitung

Alles klar?! **Bei Spielanleitungen gelten die Regeln der Vorgangsbeschreibung.**

1. Absatz: grundlegende Informationen über Art des Spiels (Würfelspiel, Brettspiel, Glücksspiel usw.), Zahl (und wenn nötig Alter) der Spieler, Spielmaterial und Ziel des Spieles
2. Absatz: Spielvorbereitungen
3. Absatz: Ablauf eines Spiels bzw. einer Spielrunde, dabei Klärung wichtiger Begriffe
4. Absatz: Darstellung besonderer Spielsituationen
5. Absatz: Angaben über das Ende des Spiels bzw. der Spielrunde
6. Absatz: Informationen über Punktezuteilung (falls notwendig)
7. Absatz: Tipps, Tricks und Hinweise zu besonderen Strategien

Übung 1 **Verfasse den ersten Absatz zu dem Spiel „Stadt, Land, Fluss" mithilfe folgender Stichpunkte. Beginne so: *„Stadt, Land, Fluss" ist ein Wissensspiel für …***

Wissensspiel – mindestens zwei, höchstens zehn Teilnehmer – mindestens acht Jahre alt – pro Spieler: Blatt Papier (DIN A 4), Stift, Lineal – möglichst viele Punkte sammeln, indem man unter Zeitdruck zu Oberbegriffen Beispiele mit bestimmtem Anfangsbuchstaben findet.

Übung 2 **Hier siehst du drei Einleitungsabsätze aus Schüleraufsätzen. Wie kann man sie missverstehen?**

a) Je nach Anzahl der Spieler braucht man für jeden einen Stift und ein Blatt.
b) Ziel des Spiels ist es, am schnellsten die Tabelle fertig zu haben und am meisten Punkte zu erlangen.
c) Zweck des Spieles ist es, als Erster alle Spalten mit dem gleichen Anfangsbuchstaben ausgefüllt zu haben.

Übung 3 **Wie kann man folgende Angaben zu den Spielvorbereitungen (Absatz 2) missverstehen?**

a) Mithilfe eines Lineals wird das Spielfeld gezeichnet. Es setzt sich aus insgesamt 7 x 10 Kästchen zusammen. Mit dem Stift zeichnet man nun die ca. 2 x 3 cm großen Kästchen.
b) In die ersten drei Felder schreibt man nebeneinander die Wörter „Stadt", „Land" und „Fluss", in das letzte die Punkte. Die anderen felder werden beliebig ausgefüllt, z. B. mit „Tier", „Name", „Beruf", „Pflanze", „Star" usw.
c) In die oberste Spalte kommt der Begriff „Stadt".

Lösungen Seite 106

Wie genau muss eine Spielanleitung sein?
Wenn man ein Spiel besonders gut kennt, setzt man oft Dinge voraus, die einem selbst klar sind, einem Spiel-Neuling jedoch nicht. Prüfe deine Beschreibung daher mithilfe der Fragen: *Versteht ein Neuling die Darstellung? Wie könnte er sie missverstehen? Ist jede Regel genau beschrieben?* Natürlich musst du dir keinen völligen Dummkopf als Leser vorstellen: Übliche Fachbegriffe wie „abheben“, „Sonderkarte“ oder „verdeckt ablegen“ sind allgemein bekannt.

Übung 4 **Verfasse den Absatz: Spielvorbereitungen zu „Stadt, Land, Fluss“.**

Übung 5 **Verfasse den Absatz: Ablauf einer Spielrunde zu „Stadt, Land, Fluss“.**

Übung 6 **Worin besteht das Problem bei folgender Darstellung der Punkteregeln?**

Man vergleicht nun die Lösungen. Wenn jemand als Stadt z.B. Berlin hat und ein anderer z.B. Bremen und die anderen alle auch etwas anderes, bekommt jeder zehn Punkte. Wenn zwei z.B. Bremen haben, bekommen sie nur fünf Punkte. Wenn einer z.B. den Namen Berta hat und die anderen Mitspieler alle nichts, so bekommt er 20 Punkte.

Übung 7 **Verfasse den Absatz: Punkteregelung bei „Stadt, Land, Fluss“ unter Berücksichtigung folgender Fragen:**

Wie viele mögliche Fälle muss man unterscheiden? (Alle haben dasselbe Wort, zwei haben dasselbe Wort usw.) Wie viele Punkte erhält derjenige, der zu einem Begriff kein Wort gefunden hat? Gibt es Regeln, welche Lösungen gültig bzw. nicht gültig sind?

Übung 8 **Kennst du noch Tipps und Tricks für Spieler bei „Stadt, Land, Fluss“?**

Lösungen Seite 106–107

2.5 Sachliche Sprache

Alles klar?! Logische Zusammenhänge ausdrücken!

- Vermeide einen *„Dann ... dann ... dann ...“*-Stil. Oft sind Wörter wie *zunächst, dann, später* überflüssig, weil sich die richtige Reihenfolge durch die Beschreibung ohnehin ergibt. In einem solchen Fall kann man die Sätze ohne *dann* oder ähnliche Wörter aneinanderreihen, z. B.:
  Zuerst zählt man die Punkte zusammen. <u>Dann</u> trägt man sie in die Ergebnisspalte ein.
  → *Man zählt die Punkte zusammen und trägt sie in die Ergebnisspalte ein.*
- Häufig kann man statt zeitlicher logische Zusammenhänge ausdrücken, z. B. mit *weil, da, damit, sodass*:
  Man dreht das Fahrrad um, <u>dann</u> ölt man die Kette. → *Man dreht das Fahrrad um, damit/sodass man die Kette ölen kann.* oder: *Um die Kette zu ölen, dreht man das Fahrrad um.*

Übung 1 Verbessere die folgenden Sätze, indem du die unterstrichenen Wörter vermeidest und stattdessen logische Zusammenhänge ausdrückst. Schreibe auf ein Blatt.

a) <u>Zuerst</u> mischt man die Karten. <u>Dann</u> lässt man den rechten Mitspieler abheben. <u>Nun</u> nimmt man den nicht abgehobenen Stapel. <u>Jetzt</u> verteilt man an jeden Mitspieler fünf Karten. <u>Im Anschluss</u> legt man die restlichen Karten verdeckt auf den abgehobenen Stapel.
b) Den Fahrradrahmen wischt man mit einem trockenen Tuch ab, <u>dann</u> bilden sich keine hässlichen Wasserflecken.
c) Grobstollige Reifen reinigt man mit einer Bürste, <u>dann</u> kann man den Schmutz leichter beseitigen.

Alles klar?! Sätze verbinden!

Reihe nicht kurze Hauptsätze aneinander, sondern verbinde sie in Haupt- und Nebensatzgefügen. Also nicht nur durch *und* verbinden!
Man zieht alte Kleidung an. Diese kann nämlich schmutzig werden.
→ *Man zieht alte Kleidung an, die schmutzig werden darf.*

Übung 2 Bilde Satzgefüge.

a) Das Fahrrad stellt man auf einen geeigneten Platz. Es sollte ein Abfluss vorhanden sein.
b) Grobstollige Reifen reinigt man mit einer Bürste, dann kann man den Schmutz leichter beseitigen.

Lösungen Seite 107

Alles klar?! **Satzanfänge abwechslungsreich formulieren!**

Gestalte Satzanfänge abwechslungsreich, z. B. durch Umstellung der Satzteile oder Verknüpfung der Sätze.
Man stellt das Fahrrad an eine geeignete Stelle. → *Das Fahrrad stellt man an eine geeignete Stelle.*
Man legt die Würfel in den Becher. Man würfelt und stellt den Becher mit der Öffnung nach unten auf den Tisch. → *Man legt die Würfel in den Becher, würfelt und stellt …*

Übung 3 **Verändere die Sätze so, dass gleiche Satzanfänge vermieden werden.**

a) Man reinigt einen Sattel aus Leder mit Lederpolitur. Man putzt die Fahrradkette selbstverständlich nicht, denn …
b) Man mischt die Karten und verteilt jeweils fünf an die Mitspieler. Man legt den restlichen Stapel verdeckt in die Tischmitte.
c) Der Ball darf nur mit der Faust geschlagen werden. Der Ball darf den Boden berühren. Der Ball muss aber im Anschluss gleich an einen anderen Spieler abgespielt oder über das Netz der anderen Mannschaft zugespielt werden.

Alles klar?! **Bedingungssätze abwechslungsreich formulieren!**

In Beschreibungen verwendet man oft Bedingungssätze, z. B.:
Wenn der Ball in einem Feld auf den Boden fällt, erhält der Gegner einen Punkt.

- Leite Bedingungssätze abwechselnd mit *wenn* oder *falls* ein.
- Oder beginne mit dem Verb:
  Fällt der Ball in einem Feld auf den Boden, erhält …
  Ist der Ball in einem Feld auf den Boden gefallen, erhält …
- Oder formuliere die Bedingung in Form eines Präpositionalausdrucks: *Wenn es stark regnet, wird das Spiel abgebrochen.*
  → *Bei starkem Regen wird das Spiel abgebrochen.*

Übung 4 **Finde alle Möglichkeiten, wie man die folgenden Bedingungssätze anders formulieren kann. Schreibe auf ein Blatt.**

a) Wenn der Ball außerhalb eines Feldes auf den Boden fällt, erhält die Mannschaft, die den Ball zuletzt berührt hat, einen Punkt.
b) Wenn ein Spieler vom Ball berührt wird, muss er ins Außenfeld gehen.
c) Wenn das Rad stark verschmutzt ist, sollte man es grob vorreinigen.

Lösungen Seite 108

Alles klar?! **Überflüssige Wörter vermeiden, straff formulieren!**

Zum sachlichen Stil gehört eine straffe Sprache.
Als Nächstes sind die Reifen an der Reihe. Hier putzt man mit der Bürste … → Bei den Reifen putzt man mit der Bürste …

Übung 5 **Verbessere die folgenden Sätze, indem du überflüssige Wörter weglässt.**

a) Danach umfasst man die Querstange mit dem Lappen und schiebt den Lappen auf der Stange hin und her, bis diese sauber ist. Das Gleiche wird jetzt bei den anderen Stangen durchgeführt.
b) Man nimmt den Lappen und wischt damit jede Stange gründlich ab.

Tipp für Schulaufsätze
Verwende bei Vorgangsbeschreibungen für die Schule normale deutsche Sätze. Schreibe nicht im Stichpunktstil (Infinitivsätze) und verwende keine Imperativsätze (Befehlssätze), wie man sie z. B. in Kochbüchern oder bei Bastelanleitungen findet.
Beispiele: *Etwas Butter in die Pfanne geben. → Man gibt etwas Butter in die Pfanne. Bohre in die Mitte des Bretts ein Loch. → In die Mitte des Bretts bohrt man ein Loch.*

Übung 6 **Verbessere das folgende Rezept für Spiegeleier, indem du statt der Infinitiv- und Imperativsätze normale Sätze formulierst. Berücksichtige auch die anderen Hinweise für einen guten Sachstil.**

In einer Pfanne etwas Butter heiß werden lassen. Währenddessen Eier einzeln in eine Tasse schlagen. Rieche, ob sie gut sind! Eier dann vorsichtig in die Pfanne schütten. Würze sie nach Belieben mit Salz und Pfeffer! Braten lassen, bis das Eiweiß fest geworden ist. Fahre dabei hin und wieder mit einem Bratheber sehr vorsichtig unter den Eiern entlang! Verhindere so ein Anlegen bzw. Anbrennen der Eier! Fertige Eier mit dem Bratheber ebenfalls vorsichtig aus der Pfanne nehmen und auf den Teller legen.

Tipps zur Vorbereitung von Klassenarbeiten
Wird bei einer Prüfung eine Spielanleitung verlangt, kannst du dich sehr gut vorbereiten. Deine Lehrkraft wird nur Spiele beschreiben lassen, die allgemein bekannt und nicht zu kompliziert sind, z. B. „Uno“, Völkerball, Federball, Schiffe versenken, Dame, Mühle. Recherchiere aus Spielesammlungen oder aus dem Internet entsprechende Beschreibungen und formuliere sie so um, dass sie die Bedingungen eines Schulaufsatzes erfüllen. Entsprechendes gilt für Kochrezepte als Vorgangsbeschreibung.

Lösungen Seite 108

Abschlusstest (45 Minuten)

Wähle eine der beiden Aufgaben aus.

Aufgabe 1 **Verfasse anhand folgender Angaben einen Bericht über den Raubüberfall.**

Datum: Dienstag, 16. August – Ort: Mühldorf

Augenzeuge Mirjam Schwarz (14):
Das war ja echt cool. Ich sitze auf den Stufen von diesem Denkmal und warte auf meine Alte, äh, meine Mutter. Plötzlich kommt der Typ auf dem Mofa von rechts, von dem Krankenhaus. Der Typ hält, läuft zu dem Opfer rüber, schmeißt ihn auf den Boden und beklaut ihn. Dann läuft er zurück und düst mit dem Mofa davon. Das Mofa war ganz grün, von hinten bis vorne, sogar die Reifen. Und das Kennzeichen von dem Mofa war G 435 723. Ich habe nämlich ein gutes Gedächtnis. Der Kerl war so groß wie mein Papi, und der ist 1,90 Meter. Und er, also der Räuber, nicht mein Papi, war auch ganz schlank. Und er hatte blonde Haare, ganz kurze, und hatte eine schwarze Lederhose an und ein rotes T-Shirt. Das sah ganz ätzend aus. Ach ja, es war fünf vor zwei, also nachmittags.

Lageplan

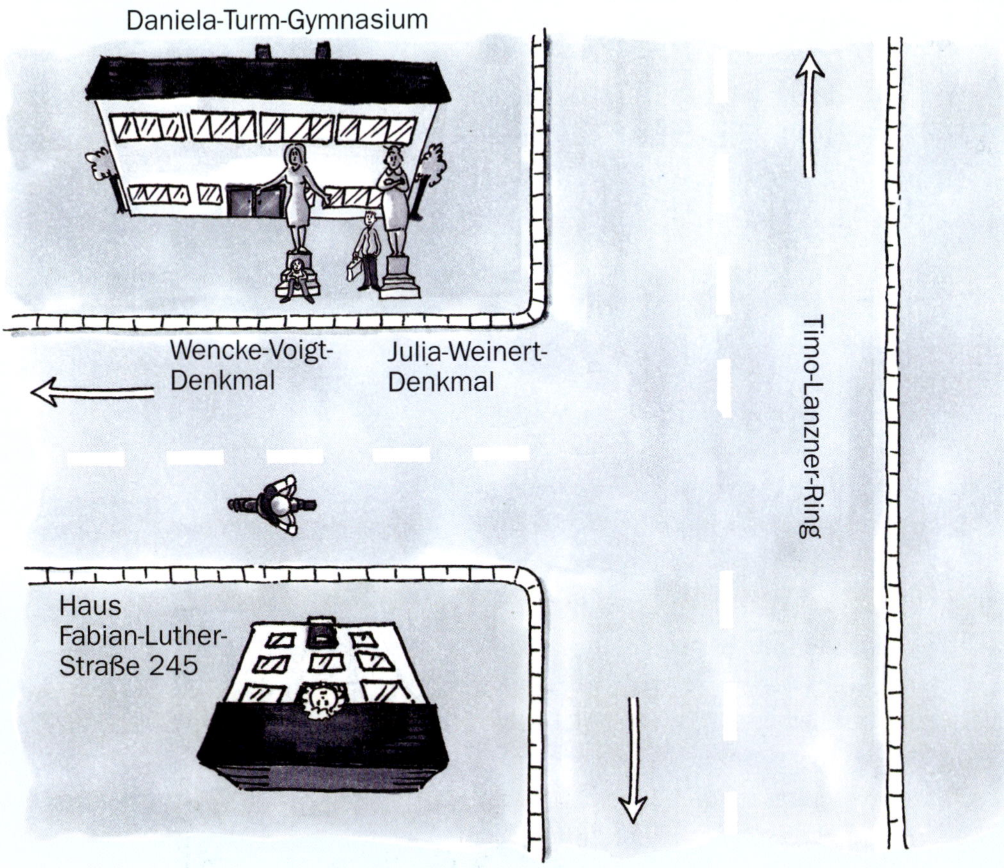

Lösungen Seite 109

Augenzeuge Rebecca Schönherr:
Ich bin wirklich erschüttert über diesen Verfall der Sitten. Das ist schockierend für eine Dame, die immerhin demnächst 59 wird. Ich stand am Fenster meines Arbeitszimmers im zweiten Stock des Hauses in der Fabian-Luther-Straße 245 und blicke hinüber zu dem ehrwürdigen Gymnasium. Vor dem Weinert-Denkmal steht dieser so überaus bedauernswerte Mann, der das Opfer jenes dreisten Überfalls wurde. Ich sah, wie der Täter von seinem Mofa hinüberlief zu dem Opfer. Aber das wissen Sie ja schon. Im Anschluss entriss er ihm den Aktenkoffer, lief zurück zu seinem Mofa, fuhr zum Timo-Lanzner-Ring und bog nach links ab. Gefunden hat man ihn ja offensichtlich noch nicht.

Überfallopfer Daniel Hanf (33):
Dass mir so etwas passiert! Ich stehe also vor diesem komischen Denkmal und denke mir nichts. Ich warte auf das Taxi, das ich mit meinem Handy gerufen habe. Plötzlich kommt dieses Mofa. Was der mit mir machte, erzählten ja schon die Zeugen. Ich brachte keinen Ton raus. Der Typ sprach übrigens auch kein Wort. Ich kann mich auch kaum erinnern, wie der aussah. Eines weiß ich noch: Er war bartlos und hatte gelbe Turnschuhe. Und über dem rechten Auge war so eine Narbe. Na ja, jetzt bin ich meinen Aktenkoffer los. Der Koffer war aus rotbraunem Kalbsleder und kostete mich 200 Euro. Der Kerl wird sich wundern, wenn er den Koffer aufmacht. In dem Koffer war nämlich nur ein Aktenordner drin mit Rechnungen der Firma Wastian-Aktiengesellschaft und ein Terminkalender und ein Päckchen Kaugummi. Mein Geld habe ich nämlich immer in der Hosentasche. Also hat der dumme Räuber nichts erwischt außer Papier.

Aufgabe 2 **Verfasse eine Spielanleitung zu „Uno"® !**

Punkte: ☐ von 12

10–12: Sei stolz auf dich, denn du hast viel gelernt.
6–9: Wiederhole nochmals die Unterkapitel 2.2 und/oder 2.4, dann schaffst du es besser.
0–5: Berichten und Beschreiben bereiten dir offenbar noch große Probleme. Lege ein paar Tage Pause ein und bearbeite das Kapitel erneut.

Lösungen Seite 109–110

3 Texte verstehen

Auch für dieses Kapitel gilt: „Nicht für die Schule, sondern für das Leben lernen wir." Mit Texten hast du dein Leben lang zu tun. Sehr wichtig sind die Texte, denen du Informationen entnehmen willst, z.B. Sachtexte, Briefe, Berichte, Bedienungsanleitungen usw. In diesem Kapitel lernst du, solche sachlichen, aber auch literarische Texte genau zu lesen und Zusammenhänge zu verstehen.

3.1 Sachtexte

Alles klar?! **Sachtexte erschließen – Schritt 1: Text genau lesen**

Um Texte wirklich verstehen und Fragen dazu beantworten zu können, musst du den **Text mindestens zweimal konzentriert durchlesen**. Wenn du ihn nur überfliegst und gleich mit den Aufgaben loslegst, machst du mehr Fehler oder musst immer wieder zurückblättern.

Übung 1 **Lies den folgenden Text zweimal konzentriert durch.**

(1) Immer wieder sieht man im Fernsehen possierliche Eisbärenkinder. Sie verhelfen dieser Tierart zu großem öffentlichem Interesse. Eisbären sind ein wunderbares Beispiel dafür, wie sich Tiere ihrer Umwelt hervorragend angepasst haben. Um in der eisigen Kälte der Polargebiete überleben zu können, hat sich die Natur viel einfallen lassen. Das gelblich-weiße Fell der Eisbären ist in der schneeweißen Umgebung eine ideale Tarnung. Außerdem ist es sehr dicht, ölig und kann das Wasser abweisen. Die Haut unter dem Fell ist schwarz, weil so mehr Licht und Wärme aufgenommen werden können. Eine dicke Fettschicht hilft gleichermaßen gegen die Kälte und beim Schwimmen, denn Fett ist leichter als Fleisch oder Knochen. Der Geruchssinn von Eisbären ist so fein, dass sie ihre Beute, z.B. Robben, auf einen Kilometer riechen. Sie können in ihrem Körper so viel Fett speichern, dass sie im Extremfall sogar ein ganzes Jahr ohne Nahrung durchhalten. Trotz ihres hohen Gewichts springen sie bei der Überquerung von Eisspalten bis zu fünf Meter weit. Im Vergleich zu anderen Tieren bleiben Eisbärenkinder sehr lange bei ihren Müttern (zwei bis drei Jahre): Sie müssen alles, was man am Nordpol zum Überleben braucht, sehr lange und gründlich lernen. Zeigen neugeborene Eisbärenkinder Anzeichen von Schwäche oder einer Krankheit, die ihre Überlebenschancen verringern würden, lassen Eisbärenmütter sie manchmal verhungern oder töten sie sogar.

(2) Eisbären sind richtige Einzelgänger, abgesehen von der Paarungszeit oder wenn die Mütter ihre Kinder aufziehen. Auch wenn das Nahrungsangebot in einer Gegend sehr gut ist, ertragen Eisbären keine Artgenossen in der Nähe. Normalerweise aber haben sie Jagdreviere von 300 Kilometer Durchmesser, wobei sich die Gebiete überlappen können. Eisbären sind tagsüber aktiv, vor allem morgens. Eine richtige Winterruhe kennen sie nicht, denn gerade im Winter können sie am besten Robben jagen. Die Robben halten sich dann um Fische zu fangen unter der Eisdecke auf und holen nur ab und zu durch eine Eisspalte Luft. Die Eisbären warten oft stundenlang neben einem solchen Loch, bis eine Robbe zum Luftholen nach oben kommt – und schlagen dann blitzschnell mit ihren Pranken zu. Im Sommer hingegen schwimmen die Robben den Eisbären davon. Bei Schneestürmen lassen Eisbären sich einfach einschneien.

(3) Der Speisezettel der Eisbären ist nicht sehr reichhaltig. Grundsätzlich sind sie Allesfresser, sodass sie sich schon einmal an den Nahrungsmittelvorräten in Forschungsstationen bedienen. Normalerweise verzehren sie vor allem Fleisch, am liebsten das von Robben. Allerdings fressen sie auch Kleintiere, wie Erdhörnchen oder Lemminge, sowie Vögel, deren Eier und Fische. Im Notfall machen sie sich über Abfälle von Jägern oder eigene Artgenossen, v.a. junge Eisbären, her.

Alles klar?! **Schritt 2: Überschriften zu Absätzen finden**

- Die Überschrift soll das Hauptthema des Abschnitts wiedergeben. Sie soll nicht spannend formuliert sein (wie in Erzählungen).
- Die Überschrift soll sich auf den größten Teil der Informationen eines Absatzes beziehen, nicht nur auf einen Teil davon. Letzteres passiert vor allem dann, wenn ein Teil des Abschnittes ausgesprochen spannend oder interessant ist.
- Die Überschrift soll sich nur auf den entsprechenden Absatz beziehen, nicht auf mehrere.

Übung 2 **Welche Überschrift passt am besten zum ersten Absatz? Lies ihn noch einmal durch, bevor du dich entscheidest. Kreuze nur eine Antwort an.**

1. Gründe für die lange Lernzeit der Eisbärenkinder ❏
2. Anpassung der Eisbären an ihre Umwelt ❏
3. Unglaublich, wie clever die Eisbären sind! ❏
4. Eisbären – weiß, schwarz, ölig und dick ❏
5. Lebensweise der Eisbären ❏
6. Körperbau von Eisbären ❏

Übung 3 **Überlege, warum die falschen Überschriften nicht passen. Vergleiche deine Antworten gründlich mit dem Lösungsteil.**

Lösungen Seite 110

Übung 4 **Welche Überschrift passt am besten zum zweiten Absatz? Lies ihn noch einmal durch, bevor du dich entscheidest. Kreuze nur eine Antwort an.**

1. Eisbären als Einzelgänger ❑
2. Eisbären auf Robbenjagd ❑
3. Wie einsam Eisbären leben müssen! ❑
4. Verhaltensweisen von Eisbären ❑
5. Lebensraum der Eisbären ❑
6. Böse Eisbären – arme Robben! ❑
7. Jagd und Jagdreviere von Eisbären ❑

Übung 5 **Überlege, warum die falschen Überschriften in Übung 4 nicht passen.**

Übung 6 **Finde für Abschnitt 3 selbst eine Überschrift.**

Alles klar?! **Schritt 3 – Informationen richtig beurteilen**

- Prüfe Texte genau: Ist eine Aussage „richtig“, „falsch“ oder „aus dem Text nicht zu entnehmen“?
- Lies den Text gründlich: Oft sind Kleinigkeiten entscheidend.

Übung 7 **Entscheide, ob die folgenden Aussagen richtig, falsch oder aus dem Text nicht zu entnehmen sind.**

	richtig	falsch	aus dem Text nicht zu entnehmen
1. Eisbären sind immer völlige Einzelgänger.	❑	❑	❑
2. Eisbärkinder verlassen nach zwei bis drei Jahren ihre Mütter.	❑	❑	❑
3. Eisbären sind so fett, damit sie nicht so leicht frieren.	❑	❑	❑
4. Eisbären fressen auch Menschen.	❑	❑	❑
5. Eisbären brauchen normalerweise ein Jahr lang keine Nahrung.	❑	❑	❑
6. Robben verstecken sich vor den Eisbären unter der Eisschicht.	❑	❑	❑
7. Eisbären schwimmen sehr schnell.	❑	❑	❑
8. Eisbären sind Allesfresser.	❑	❑	❑

Lösungen Seite 110–111

Übung 8 **Prüfe im Lösungsteil die Anmerkungen zu den Sätzen, die du bei Übung 7 falsch eingeordnet hast.**

Alles klar?! **Schritt 4 – Gründe angeben, Zusammenhänge erklären**

- Manchmal ergeben sich logische Zusammenhänge aus dem Text, die nicht direkt genannt werden. Du musst also über das, was im Text steht, hinausdenken.
- Formuliere deine Antworten in ganzen Sätzen. Beginne nicht mit: *„Weil das so und so ist.“* Ein „weil“-Satz ist ein Nebensatz, der nicht alleine stehen darf.

Übung 9 **Aus welchem Grund töten Eisbären Mitglieder der eigenen Art? Nenne zwei Gründe und antworte in ganzen Sätzen.**

Übung 10 **Kreuze jeweils die richtige Fortsetzung des Satzes an.**

Eisbären essen vor allem Fleisch,
- ❏ weil ihnen Pflanzen nicht schmecken.
- ❏ weil in der Polargegend keine Pflanzen wachsen.
- ❏ weil sie gefährlich und bösartig sind.
- ❏ weil sie es am liebsten mögen.

Das Fell von Eisbären ist sehr dicht,
- ❏ damit sie besser schwimmen können.
- ❏ damit das Öl, das die Eisbären produzieren, nicht heruntertropft.
- ❏ damit sie nicht frieren und das Wasser besser abperlt.
- ❏ weil es schöner aussieht.

Alles klar?! **Schritt 5 – Informationen zuordnen oder suchen**

- Erhältst du zusätzliche Informationen, musst du sie dem richtigen Absatz zuordnen. Das ist beispielsweise bei einem Kurzreferat wichtig, wo du dir aus verschiedenen Quellen Informationen besorgst.
- Lies genau und gib an, in welchen Absätzen eines Textes bestimmte Informationen zu finden sind.

Übung 11 **Zu welchen Absätzen passen die neuen Informationen am besten?**

Neue Informationen	Absätze 1	2	3
1. Wenn Eisbären gut genährt sind, werden sie zu Feinschmeckern: Sie fressen von den Beutetieren nur Haut und Speck.	❑	❑	❑
2. Eisbären können riesige Strecken laufend oder schwimmend zurücklegen.	❑	❑	❑
3. In Höhlen leben nur die Weibchen während ihrer Schwangerschaft.	❑	❑	❑

Übung 12 **Wo findest du Informationen über die folgenden Themen? Kreuze die richtige(n) Absatznummer(n) an.**

Themen	Absätze 1	2	3
1. Nahrung der Eisbären und wie sie gesucht wird	❑	❑	❑
2. Verhalten der Eisbären gegenüber Menschen	❑	❑	❑
3. Einzelgängerleben der Eisbären	❑	❑	❑
4. Gefahren, die Eisbärkindern von anderen Eisbären drohen	❑	❑	❑

Mensch und Eisbär

Eisbären meiden den Menschen meist, doch ab und zu treibt sie die Neugier zu menschlichen Siedlungen. Wenn sie Hunger haben, plündern sie schon einmal deren Vorratslager – aber nur heimlich und nachts! Ansonsten ist es der Mensch, der den Eisbären zusetzt. Vor gut fünfzig Jahren rotteten die Menschen die Eisbären wegen ihres Fells und Fleisches fast aus. Inzwischen gibt es zwar Schutzabkommen, aber auch die Klimaerwärmung ist eine große Gefahr für Eisbären. So ertrinken immer wieder Eisbären, weil das Eis zu dünn geworden ist.

Lösungen Seite 111–112

3.2 Erzählende Texte

Alles klar?! **Literarische Texte erschließen**

Leseverständnis wird auch anhand von literarischen Texten (Erzählungen, Sagen usw.) überprüft. Diese Texte sind manchmal sprachlich etwas schwerer verständlich als Sachtexte, aber die Aufgabenstellungen und Anforderungen zur Texterschließung sind gleich.

Übung 1 **Lies den folgenden Text zweimal.**

Johann Peter Hebel: Das wohlbezahlte Gespenst
(sprachlich vereinfacht)

(1) In einem gewissen Dorf geht ein Fußweg über den Friedhof und von da durch den Acker eines Mannes, der an der Kirche wohnt. Den Fußweg zu benutzen, das war das Recht aller. Wenn nun die Ackerwege bei Regen oder Schnee schlüpfrig oder unbegehbar waren, ging man immer tiefer in den Acker hinein und zertrat dem Eigentümer die Getreidesaat, sodass bei anhaltend feuchter Witterung der Weg immer breiter und der Acker immer schmaler wurde. Das nun wiederum war kein Allgemeinrecht.

(2) Zum Teil wusste nun der geschädigte Mann sich gut zu helfen. Er gab untertags, wenn er sonst nichts zu tun hatte, fleißig acht, und wenn ein rücksichtsloser Mensch diesen Weg kam, der lieber seine Schuhe als die Saat seines Nachbars schonte, so lief er schnell hinzu und ließ sich Schadenersatz bezahlen oder tat es manchmal auch mit ein paar Ohrfeigen ab. Bei Nacht aber, wo man noch mehr einen guten Weg braucht und sucht, war es nur umso schlimmer, und die Dornenäste, mit denen er den Wandernden verständlich machen wollte, wo der Weg sei, waren immer nach wenigen Nächten niedergerissen, und mancher tat es vielleicht sogar mit Absicht.

(3) Aber da nutzte dem Mann etwas anderes. Es wurde auf einmal unsicher auf dem Friedhof, über den der Weg ging. Bei trockenem Wetter und etwas helleren Nächten sah man oft ein langes weißes Gespenst über die Gräber wandeln. Wenn es regnete oder sehr finster war, hörte man im Beinhaus bald ein ängstliches Stöhnen und Winseln, bald ein Klappern, als wenn alle Totenköpfe und Totengerippe darin lebendig werden wollten. Wer das hörte, sprang bebend wieder zur nächsten Friedhofstüre hinaus, und in kurzer Zeit sah man, sobald der Abend dämmerte und die letzte Schwalbe aus der Luft verschwunden war, gewiss keinen Menschen mehr auf dem Friedhofsweg.

(4) Eines Tages aber verspätete sich an diesem Ort ein kluger und mutiger Mann aus einem Nachbardorf und er wollte den direkten Weg nach Hause doch über diesen unheimlichen Platz und eben über den Acker nehmen. Denn obwohl ihm seine Freunde vor der Gefahr warnten und lange aufhielten, so sagte er doch am Ende: „Wenn es ein Geist ist, gehe ich mit Gott als ehrlicher Mann direkt zu meiner Frau und zu meinen Kindern heim. Ich habe nichts Böses getan, und ein Geist, wäre es auch der schlimmste unter allen, tut mir nichts. Ist es aber ein Wesen aus Fleisch und Blut, so habe ich zwei Fäuste bei mir."

(5) Als er aber auf den Friedhof kam und kaum am zweiten Grab vorbei war, hörte er hinter sich ein klägliches Ächzen und Stöhnen, und als er zurückschaute, siehe, da erhob sich hinter ihm, wie aus einem Grab herauf, eine lange weiße Gestalt. Der Mond schimmerte blass über die Gräber. Totenstille war ringsumher, nur ein paar Fledermäuse flatterten vorüber. Da war dem guten Mann doch nicht wohl, wie er nachher zugab, und er wäre gerne wieder zurückgegangen, wenn er nicht noch einmal an dem Gespenst hätte vorbeigehen müssen. Was war nun zu tun? Langsam und still ging er seines Weges zwischen den Gräbern und manchem schwarzen Totenkreuz vorbei. Langsam und immer ächzend folgte zu seinem Entsetzen das Gespenst ihm nach, bis an das Ende des Friedhofs, und das war in Ordnung, und bis vor den Friedhof hinaus, und das war dumm.

(6) Aber so passiert es. Kein Betrüger ist so schlau, dass er sich nicht irgendwann verrät. Denn sobald der verfolgte Mann das Gespenst auf dem Acker erblickte, dachte er bei sich selber: „Ein richtiges Gespenst muss wie ein Wachmann auf seinem Posten bleiben, und ein Geist, der auf den Friedhof gehört, geht nicht auf einen Acker hinaus." Daher bekam er auf einmal Mut, drehte sich schnell um, fasste die weiße Gestalt mit fester Hand und merkte bald, dass er unter dem Leintuch einen Burschen am Hemd hatte, der noch nicht auf dem Friedhof zu Hause war. Er fing daher an, mit der anderen Faust auf ihn loszutrommeln, bis sein Zorn geringer wurde. Und da er vor dem Leintuch selber nicht sah, wo er hinschlug, so musste das arme Gespenst die Schläge nehmen, wie sie kamen.

(7) Damit war nun die Sache abgetan, und man hat weiters nichts mehr davon erfahren, außer dass der Eigentümer des Ackers ein paar Wochen lang mit blauen und gelben Verzierungen im Gesicht herumging und von dieser Stunde an kein Gespenst mehr auf dem Friedhof zu sehen war. Es wäre zu wünschen, dass jeder andere Betrüger ebenso seinen Meister finden möge.

Übung 2 **Welcher Satz fasst den Inhalt der jeweiligen Absätze am besten zusammen? Kreuze nur je eine Antwort an.**

Absatz 1
- ❑ Bei schlechtem Wetter zertrampeln die Wegbenutzer die Getreidesaat des Bauern.
- ❑ Der Absatz zeigt, was die Menschen tun dürfen und was nicht.
- ❑ Es ist eine Gemeinheit, was die Leute dem Bauern antun.
- ❑ Bauern neben einem Friedhof haben große Probleme.

Absatz 2
- ❑ Der Bauer bereitet denen, die seinen Acker betreten, Schmerzen.
- ❑ Tag und Nacht hatte der Bauer Ärger.
- ❑ Der Bauer wusste sich gut zu helfen.
- ❑ Nachts kann der Bauer die Menschen vom Acker nicht fernhalten.

Absatz 3
- ❑ Auf dem Friedhof beginnt es zu spuken.
- ❑ Wie gruselig, was auf dem Friedhof passiert!
- ❑ Weil es auf dem Friedhof neben dem Acker zu spuken beginnt, benutzen die Menschen den Weg nachts nicht mehr.
- ❑ Es winselt und klappert auf dem Friedhof.

Absatz 4
- ❑ Ein Mann benutzt den Weg durch den Friedhof.
- ❑ Ein Mann hört nicht auf die Warnungen seiner Freunde.
- ❑ Ein Mann durchschaut den Spuk sofort als Betrug.
- ❑ Ein Mann lässt sich durch den Spuk nicht einschüchtern und benutzt den Weg.

Absatz 5
- ❑ Der Mann glaubt von einem Gespenst verfolgt zu werden und verlässt aus Angst den Friedhof schnell.
- ❑ Die Begegnung mit einem Gespenst hätte jedem Angst gemacht.
- ❑ Der Erzähler wundert sich über die Dummheit des Gespensts.
- ❑ Ein Gespenst verfolgt den Mann im Friedhof, aber auch danach.

Absatz 6
- ❑ Jeder Betrüger verrät sich einmal.
- ❑ Der Mann durchschaut den Spuk als Betrug und verprügelt den als Gespenst verkleideten Menschen.
- ❑ Gespenster dürfen nicht den Friedhof verlassen.
- ❑ Der Mann rächt sich an dem Gespenst.

Lösungen Seite 112

Alles klar?! **Was sagt uns eine Geschichte?**

Viele Geschichten sollen dem Leser beispielhaft etwas klarmachen. Er soll daraus etwas lernen oder eine wichtige Erfahrung vermittelt bekommen. Man nennt dies **Aussageabsicht des Autors** oder **Kernaussage**. Manchmal beschreibt ein Sprichwort das Geschehen am besten. So findest du die Kernaussage einer Geschichte:

- Löse dich von der konkreten Handlung und überlege, was du allgemein aus der Geschichte lernst.
- Finde die Stellen, an denen der Erzähler die Handlung kommentiert und seine Meinung äußert: *„Den Fußweg zu benutzen, das war das Recht aller. … Das nun wiederum war kein Allgemeinrecht."*

Übung 3 **Unterstreiche in den Absätzen 5 bis 7 die Stellen, in denen der Erzähler eine Meinung äußert und nicht nur die Handlung wiedergibt!**

Übung 4 **Warum klappt der Trick des Bauern nicht? Kreuze die richtige Antwort an.**

1. Der Bauer ist einfach zu dumm. ❑
2. Der Mann ist so intelligent, dass er den Bauern sofort durchschaut. ❑
3. Der Bauer hatte einfach Pech. ❑
4. Der Bauer übertreibt und hält sich nicht an die Rolle, die er spielt. ❑

Übung 5 **Was ist die Kernaussage des Textes? Kreuze die richtige Antwort an.**

1. Man soll in der Nähe von Friedhöfen vorsichtig sein. ❑
2. Man soll immer den Weg benutzen und nicht auf ein daneben liegendes Getreidefeld ausweichen, weil man dann den Bauern schädigt. ❑
3. Es gibt keine Gespenster. ❑
4. Betrüger legen sich irgendwann immer selbst herein. ❑
5. Bauern sind dumm. ❑

Übung 6 **Kennst du ein Sprichwort, das zu der Geschichte passt?**

Übung 7 **Erkläre, was die folgenden Wörter aus der Geschichte bedeuten. Finde, wenn möglich, ein Synonym, das heißt, einen Ausdruck mit einer gleichen oder möglichst ähnlichen Bedeutung.**

„schlüpfrig" (Absatz 1, Mitte), „Witterung" (Absatz 1, gegen Ende), „… tat es manchmal auch mit ein paar Ohrfeigen ab", (Absatz 2, Mitte), „bebend" (Absatz 3, gegen Ende), „… dass jeder andere Betrüger ebenso seinen Meister finden möge" (Absatz 7, Ende)

Lösungen Seite 112–113

3.3 Gedichte

Alles klar?! **Gedichte unterscheiden sich von normalen Texten.**

- **Aufbau:** Die Gedichtzeile heißt **Vers**. Eine Gruppe von Versen, die durch eine Leerzeile von den folgenden abgetrennt ist, nennt man **Strophe**.
- **Reim**: Die Verse reimen sich oft, aber nicht immer. Zwei Wörter reimen sich, wenn sie vom letzten betonten Vokal an gleich klingen: *Flecken – Zecken, Haus – Maus*

Übung 1 **Unterstreiche bei den folgenden Wörtern den letzten betonten Vokal.**

nicht, Schwein, sagte, Liebe, Schatten, Maus, gefangen, Bein, wagte, verlangen, fein, Laus, Hiebe, Latten, Licht, nein

Alles klar?! **Einsilbige und zweisilbige Reime**

- **einsilbige Reime = männliche oder stumpfe Reime:** *Bein – Wein, stolz – Holz*
- **zweisilbige Reime = weibliche oder klingende Reime:** *singen – schwingen, Wagen – fragen*

Übung 2 **Suche aus der Wortliste von Übung 1 die Reimpaare heraus und ordne sie in die folgende Tabelle ein.**

einsilbige Reime	zweisilbige Reime

Alles klar?! **Reimformen in Gedichten**

- Verse, die sich reimen, bezeichnet man mit den gleichen Kleinbuchstaben.
- **Wichtige Reimformen:**

Paarreim: a a b b

umarmender Reim: a b b a

Kreuzreim: a b a b

Übung 3 **Unterstreiche im folgenden Gedicht die Reimwörter und bezeichne gleiche Reime mit Kleinbuchstaben.**

Christian Morgenstern: Wenn es Winter wird (Ausschnitt)

1) Der See hat eine Haut bekommen, ...
So dass man fast drauf gehen kann, ...
Und kommt ein großer Fisch geschwommen, ...
So stößt er mit der Nase an. .....

2) Und nimmst du einen Kieselstein .....
Und wirfst ihn drauf, so macht er klirr .....
Und titscher – titscher – titscher – dirr - ... .
heißa, du lustiger Kieselstein! .....

Übung 4 **Welche Reimformen haben die Strophen des Gedichts?**

Strophe 1: .... Strophe 2: ....

Alles klar?! **Metrum**

- Die Abfolge betonter und unbetonter Silben folgt einem bestimmten Muster. Dieses nennt man das **Metrum**.
- Betonte Silben kennzeichnet man mit einem Akzent.
- **Alternierendes Metrum:** Betonte und unbetonte Silben wechseln unmittelbar einander ab. *Der Sée hat éine Háut bekómmen …*

Übung 5 **Setze in dem Morgenstern-Gedicht die Akzente über die betonten Silben. Vorsicht beim letzten Vers!**

Natürlich darf man Gedichte nicht herunterleiern. Wenn du ein Gedicht vorträgst, überlegst du selbst, welche Betonungen, Sprechpausen und welches Tempo passen. Du erkennst damit den Rhythmus eines Gedichts.

Lösungen Seite 113–114

Abschlusstest (30 Minuten)

Lies den folgenden Text und bearbeite dann die Aufgaben.

Coca-Cola

(1) Coca-Cola ist aus dem Leben vieler Menschen nicht wegzudenken. Für manche gilt sie als Inbegriff für die amerikanische Lebensweise. Coca-Cola wurde oft kopiert, aber die treuesten Cola-Anhänger behaupten, dass die echte Coca-Cola nicht nachzuahmen ist. Das Cola-Rezept wird von der Firma bis heute als größtes Betriebsgeheimnis behandelt und lagert in einem der stärksten Tresore dieser Welt.

(2) Die Geschichte der Coca-Cola begann im Jahr 1886. John Pemberton kann als Vater der Cola gelten. Er war Apotheker und braute aus vielen Stoffen Pulver und Pillen. Eines Tages entwickelte Pemberton ein neues Mittel gegen Müdigkeit, Kopfschmerzen und Niedergeschlagenheit: einen Sirup, der unter anderem aus Kolanüssen und einem Sud aus Kokablättern bestand. Die Cola enthielt also ursprünglich ein heute streng verbotenes Rauschgift, das Kokain; zur damaligen Zeit jedoch war diese Droge wie viele andere übliches Behandlungsmittel. Der Sirup wurde mit Sodawasser, also so etwas Ähnlichem wie Mineralwasser, gemischt und am 8. Mai 1886 zum ersten Mal als Getränk verkauft. Pemberton hatte einen Verkaufsschlager erfunden, der in den damals modernen Soda-Bars zum beliebten Modegetränk wurde. Den Namen Coca-Cola prägte übrigens höchstwahrscheinlich Pembertons Buchhalter Frank M. Robinson; der Name setzte sich aus den Zutaten Kokablatt und Kolanuss zusammen.

(3) Pemberton war zwar erfindungsreich, geschäftlich aber sehr ungeschickt. Anders ist es nicht zu erklären, dass er 1891 für nur 2300 Dollar das Rezept an den Geschäftsmann Asa Candler verkaufte. Nur 28 Jahre darauf verkauften Candlers Erben das hervorragend laufende Cola-Geschäft für 25 Millionen Dollar an eine Bankengruppe. Die Erben hätten das Geschäft wohl besser behalten sollen, wenn man bedenkt, welcher Weltkonzern Coca-Cola heute ist.

(4) Mit vielen und für seine Zeit unüblichen Ideen und Werbemaßnahmen gelang es Candler, den Coca-Cola-Verkauf von 33 500 Litern im Jahr 1890 auf 72 Millionen Liter im Jahr 1919 zu steigern. Dazu zählten die Gründung einer eigenen Firma, die Abfüllung trinkfertig gemischter Coca-Cola (seit 1894) und die Schaffung eines Netzes von Abfüllbetrieben auf dem ganzen Gebiet der USA. Neu war außerdem, dass er nur das Recht für die Abfüllung verkaufte und sich von den Einnahmen der Betriebe einen erheblichen Betrag als Gebühr zahlen ließ. Bahnbrechend war auch die Einführung der unverwechselbaren leicht bauchigen und geriffelten 0,2-Liter-Flasche. All das wurde immer von großen Werbemaßnahmen begleitet, was für damalige Zeiten völlig neu war. So gelang es ihm, die Cola zu einem Getränk für alle Menschen zu machen.

Aufgabe 1 **Welche Überschrift passt am besten zum jeweiligen Absatz? Kreuze jeweils eine Antwort an.**

Abschnitt 1

❏ Cola als Inbegriff für amerikanische Lebensart
❏ Echte Coca-Cola – angeblich nicht nachzumachen und weltweit verbreitet
❏ Cola-Rezept – eines der bestgehüteten Betriebsgeheimnisse
❏ Weltweiter Genuss von Cola

Abschnitt 2

❏ Coca-Cola – Modegetränk schon Ende des 19. Jahrhunderts
❏ Die Geschichte der Erfindung der Coca-Cola
❏ John Pemberton als Erfinder der Coca-Cola
❏ Die Erfindung des Namens Coca-Cola

Abschnitt 3

❏ Asa Candler – sein Aufstieg zum Millionär
❏ Verkauf des Cola-Rezepts 1891 für 2300 Dollar
❏ Verkauf des Cola-Rezepts erst an einen geschäftstüchtigen Kaufmann, dann an eine Bankengruppe
❏ Der Erfinder der Cola: ohne geschäftliches Geschick

Abschnitt 4

❏ Candler steigert Cola-Verkauf gewaltig.
❏ Candler erfindet neue Vertriebsmethode für Cola.
❏ Cola wird umfassend beworben.
❏ Cola wird durch umfangreiche geschäftliche Maßnahmen zu einem Verkaufsschlager.

Punkte: ☐ von 4

 Lösungen Seite 114

Aufgabe 2 **Entscheide bei den folgenden Aussagen, ob sie richtig, falsch oder aus dem Text nicht zu entnehmen sind.**

	richtig	falsch	aus dem Text nicht zu entnehmen
1. Candler führte wie keiner vor ihm Werbemaßnahmen für Coca-Cola durch.	❏	❏	❏
2. Der Cola-Sirup wurde von Pemberton mit Soda-Wasser und Mineralwasser vermischt.	❏	❏	❏
3. Das Rezept für Coca-Cola wurde aus dem Tresor der Firma erst einmal gestohlen.	❏	❏	❏
4. Coca-Cola enthält auch heute noch Kokain.	❏	❏	❏
5. Candlers Erben verkauften 1928 das Cola-Geschäft für 25 Millionen Dollar.	❏	❏	❏
6. Candler stellte 1919 72 Millionen Liter Cola her.	❏	❏	❏
7. Der erste Cola-Sirup bestand aus Kolanüssen und Kokablättern.	❏	❏	❏
8. Die Firma Coca-Cola gehört heute einer Bank.	❏	❏	❏
9. Pembertons Buchhalter erfand den Namen Coca-Cola.	❏	❏	❏

Punkte: ☐ von 9

Aufgabe 3 **Welche Absicht vertritt der Verfasser des Textes? Kreuze die zwei richtigen Aussagen an!**

	richtig
1. Der Verfasser will, dass die Leute Cola kaufen.	❏
2. Der Verfasser hält Cola für gefährlich, weil es Rauschgift enthält.	❏
3. Der Verfasser will über die Geschichte der Cola informieren.	❏
4. Der Verfasser hält Cola für zu billig.	❏
5. Für den Verfasser ist Cola aus unserem Leben nicht wegzudenken.	❏

Punkte: ☐ von 2

Lösungen Seite 114

Aufgabe 4 **Kreuze bei jeder Aussage an, ob es sich um eine persönliche Meinungsäußerung oder um die Wiedergabe einer Tatsache handelt.**

	Meinung	Tatsache
1. Es wird bestimmt irgendwann einmal klappen, Cola nachzumachen.	❑	❑
2. Cola enthielt anfangs ein Rauschgift.	❑	❑
3. Candler war ein sehr geschäftstüchtiger Mann.	❑	❑
4. Cola hilft nicht wenigen Menschen, ihre Müdigkeit zu überwinden.	❑	❑
5. Warme Cola schmeckt ekelhaft.	❑	❑
6. Die Leute waren blöd, dass sie Cola als Medikament benutzten, obwohl Rauschgift enthalten war.	❑	❑
7. Cola wird von vielen Menschen getrunken, und das ist bedauerlich.	❑	❑

Punkte: ☐ von 7

Punkte: ☐ von 22

18–22: Eine tolle Leistung!

10–17: Trainiere nochmals gezielt die Aufgabentypen, bei denen du die meisten Fehler gemacht hast.

0–9: Du liest noch zu ungenau, wahrscheinlich auch bei Aufgabenformulierungen. Arbeite das Kapitel nochmals durch und beachte unbedingt die ergänzenden Hinweise im Lösungsteil.

 Lösungen Seite 114

4 Wort

Das Bestimmen von Wortarten zählt zu den üblichen Grammatikübungen im Unterricht. Dafür wirst du in diesem Kapitel fit gemacht. Außerdem lernst du noch einige Feinheiten, z.B. die Unterscheidung von Aktiv und Passiv. Das klingt kompliziert? Keine Bange, Schritt für Schritt führen wir dich durch den Dschungel der Wortarten.

4.1 Verb

Alles klar?! **Wiederholung der wichtigsten Wortarten**

Diese Grundwortarten kennst du sicher gut:

- **Artikel** = Begleiter: *der, die, das…* (bestimmter), *ein, eine…* (unbestimmter)
- **Substantiv** oder **Nomen** = Hauptwort: *Eis, Kirche, Baum, Liebe, Mut, Ursache*
- **Adjektiv** = Eigenschaftswort: *hart, dünn, billig*
- **Verb** = Zeitwort: *kriechen, trinken, einkaufen, sein, werden, müssen*
  Darum geht es in diesem Kapitel!

Übung 1 **Doch zunächst eine Wiederholungsübung: Schreibe unter die Wörter jeweils die Wortarten (Abkürzungen sind zulässig). Verwende die lateinischen Fachbegriffe. Schräg gedruckte Wörter brauchst du nicht zu bestimmen.**

Im Internet gehen die Adressen aus. *Für* einen normalen Benutzer ist

....

das unvorstellbar. Unglaublich sind die Summen, *die für* besondere Namen

....

bezahlt werden. *1999* kauften *zwei* Leute *business.com für 7,5* Millionen

....

Dollar *und* verhökerten den Namen *jetzt für* gewaltige *350* Millionen Dollar.

....

Alles klar?! **Konjugation (Beugung) der Verben**

Diese Formen kennst du schon:

- **Person: 1. Person** (*ich* bzw. *wir*), **2. Person** (*du* bzw. *ihr*), **3. Person** (*er, sie, es* bzw. *sie*)
- **Numerus** = Zahl: **Singular** (Einzahl) und **Plural** (Mehrzahl)
- **Tempus** = Zeitstufe:
  - **Präsens** = Gegenwart — *ich laufe*
  - **Präteritum/Imperfekt** = 1. Vergangenheit — *ich lief*
  - **Perfekt** = 2. Vergangenheit — *ich bin gelaufen*
  - **Plusquamperfekt** = 3. Vergangenheit — *ich war gelaufen*
  - **Futur I** = Zukunft I — *ich werde laufen*
  - **Futur II** = Zukunft II — *ich werde gelaufen sein*

Lösungen Seite 115

Alles klar?! **Aktiv und Passiv**

Aktiv und Passiv geben die Handlungsrichtung oder Handlungsart (Genus verbi) an.

- **Aktiv** = „Tatform“: Das Geschehen geht vom Handlungsträger eines Satzes (= Subjekt) aus: *Ich* (= Subjekt) *hasse alle Computer.*
- **Passiv** = „Leideform“: Mit dem Handlungsträger eines Satzes (= Subjekt) geschieht etwas: *Computer* (= Subjekt) *werden von mir gehasst.*

Übung 2 **Markiere die Aktivformen der unterstrichenen Verben im Text rot, die Passivformen blau.**

Das Internet vergisst nichts. Schon manchem wurde die Wahrheit dieses Satzes bewiesen, als er sich bei einer Firma um eine Stelle beworben hat. Die Personalchefs tippen nämlich oft den Namen ein und schnell werden ihnen alle Spuren geliefert, die der Bewerber im Internet hinterließ. Für besonders gefährlich muss man die Internetforen halten, in denen Leute z. B. im Chatroom besondere Dinge mitteilen: was sie gerne essen, über welchen Politiker sie sich geärgert haben. Irgendwo ist das abgespeichert worden und kann wieder aufgerufen werden. Man sollte also bei solchen Foren sehr vorsichtig sein!

Übung 3 **Ergänze die folgende Tabelle mit Passivformen der Verben.**

	schlagen	**geben**
Präsens	ich werde geschlagen	er
Präteritum	ich	er
Perfekt	ich	er
Plusquamperf.	ich	er war gegeben worden
Futur I	ich	er
Futur II	ich werde geschlagen worden sein	er

Übung 4 **Bestimme die folgenden Passivformen. Abkürzungen sind erlaubt!**

	Person	**Numerus**	**Tempus**
(1) Die Wahrheit wurde bewiesen.			
(2) Alle Spuren werden geliefert.			
(3) Alle Spuren werden geliefert werden.			
(4) Das ist abgespeichert worden.			
(5) Das war abgespeichert worden.			
(6) Das wird abgespeichert worden sein.			

Lösungen Seite 115

Alles klar?! Vorgangs- und Zustandspassiv

- Das **Vorgangspassiv** betont das **Ereignis**. Die Form entspricht der, die du bisher geübt hast: *ich werde gerettet, ich wurde gerettet …*
- Das **Zustandspassiv** betont das **Ergebnis**. Form: Das Hilfsverb *werden* fällt weg, stattdessen wird *sein* verwendet: *ich bin gerettet, ich war gerettet …*

Übung 5 Unterstreiche im folgenden Text die Verben im Vorgangspassiv blau, die im Zustandspassiv rot.

Durch Computer wurde das Leben erleichtert. Manche Computernutzer sind dabei aber ziemlich verdummt. Die Rechtschreibung wurde von ihnen nicht mehr geübt, weil der Computer ja die Wörter, die falsch geschrieben sind, unterringelt. Ihr Pech: Vom Computer werden bei weitem nicht alle Fehler erkannt. Die Programmierer waren einfach mit der Kompliziertheit der Regeln überfordert.

Übung 6 Bestimme die unterstrichenen Verbformen. Abkürzungen sind erlaubt!

	Person	Numerus	Tempus	Aktiv oder Passiv
(1) Mir wurde ein Computer verkauft.				
(2) Ich freue mich sehr auf ihn.				
(3) Wird er aber funktionieren?				
(4) Mein letzter Computer ist wortwörtlich abgestürzt.				
(5) Ich hatte ihn vorher fallen lassen.				
(6) Dabei ist einiges zerstört worden.				
(7) Meine Ungeschicklichkeit war schwer bestraft worden.				

Lösungen Seite 115

Alles klar?! **Besondere Verbformen**

- **Infinitiv** = Grundform mit *zu*; dabei unterscheidet man:
  - Infinitiv Präsens Aktiv: *zu gehen, anzukommen, zu schlagen, zu sein*
  - Infinitiv Präsens Passiv: *geschlagen zu werden*
  - Infinitiv Perfekt Aktiv: *gelassen zu haben, angekommen zu sein*
  - Infinitiv Perfekt Passiv: *geschlagen worden zu sein*
- **Partizip** = Mittelwort; man verwendet es wie ein Adjektiv; dabei unterscheidet man:
  - Partizip I (Gegenwart) auf *-nd*: *gehend, ankommend, schlagend, seiend*
  - Partizip II (Vergangenheit): *angekommen, geschlagen, gewesen, gelacht*
- **Imperativ** = Befehlsform; dabei unterscheidet man:
  - Imperativ I (Singular): *Gehe! Komme an! Sei!*
  - Imperativ II (Plural): *Geht! Kommt! Seid!*

Übung 7 **Bestimme die unterstrichenen Verbformen.**

(1) Ich verspreche, mehr aufzupassen. ....

(2) Ich bedauere, den Computer fallen gelassen zu haben. ....

(3) So bestraft worden zu sein gefällt keinem. ....

(4) Der alte Computer hat keine Chance, verkauft zu werden. ....

(5) Ein heruntergefallener Computer ist meistens kaputt. ....

(6) Fröhlich singend installiere ich den neuen Computer. ....

(7) Lieber Computer, funktioniere immer gut! ....

(8) Lasst niemals euren Computer herunterfallen! ....

Übung 8 ★ **Jetzt noch eine Übung für Spezialisten. Bilde die Verbformen!**

(1) 1. Pers. Sing. Präs. Akt. von „schimpfen“	
(2) 3. Pers. Plur. Perf. Pass. von „zerstören“	
(3) 2. Pers. Plur. Plusquamperf. Akt. von „jubeln“	
(4) 3. Pers. Sing. Präs. Pass. von „jagen”	
(5) 3. Pers. Sing. Futur I Pass. von „jagen”	
(6) 1. Pers. Plur. Präterit. Akt. von „nehmen“	
(7) 2. Pers. Sing. Präterit. Pass. von „anschießen“	

Lösungen Seite 115–116

4.2 Pronomen

Alles klar?! **Pronomen (= Fürwort)**

- **Personalpronomen** = persönliches Fürwort: *ich, du, mir, euch, Sie, Ihnen …*
- **Possessivpronomen** = besitzanzeigendes Fürwort: *mein, dein, sein, unser …*
- **Demonstrativpronomen** = hinweisendes Fürwort: *dieser, jener, solcher, derselbe; manchmal* auch ein betontes *der/die/das*: *Das ist mein Auto.*
- **Relativpronomen**: *der, welcher, wer/was*; leitet einen Relativsatz ein: *Der Mann, der/welcher hier steht, …; Ich verstehe, was du meinst.*
- **Interrogativpronomen** = Fragefürwort: *wer, was; welcher …*; kann auch am Anfang von indirekten Fragesätzen stehen: *Ich weiß nicht, wer du bist.*
- **Reflexivpronomen** = rückbezügliches Fürwort: *Ich freue mich.* Bezieht sich auf den Handelnden zurück!
- **Indefinitpronomen** = unbestimmtes Fürwort: *jemand, man, niemand; ein paar, einige, mancher; kein; etwas, alles, nichts; beide; irgendwer, irgendwelche…*

Übung 1 **Bestimme die Pronomen. Verwende Abkürzungen.**

Es gibt **einige** Sicherheitstricks, **die man** anwenden sollte. **Deine** Passwörter sollten einfalls-

....

reich sein. **Dies** ist **irgendeine** sinnlose Kombination von **ein paar** Buchstaben und Zahlen.

....

Dateianhänge, **die** man nicht kennt, sollte **man** nicht öffnen. In **ihnen** können

....

irgendwelche Viren sein, **die unseren** Computer kaputt machen. Wenn **das** passiert ist,

....

ärgert man **sich** gewaltig. Nötig ist ein Virenschutzprogramm, **welches** aber immer aktuali-

....

siert werden muss. **Was** ist **das**? Das Virenschutzprogramm zerstört nur **diejenigen** Viren,

....

die auf dem Computer sind. **Dies alles** macht **deinen** Computer sicherer und bewahrt **dich**

....

und **euch** vor Schaden.

....

Lösungen Seite 116

4.3 Weitere Wortarten

Alles klar?! **Adverb (= Umstandswort)**

Ein Adverb bestimmt ein Verb oder ein Nomen näher: *Ich wohne* **dort.** (Bestimmung des Verbs) – *Das Haus* **dort** *gefällt mir.* (Bestimmung des Nomens)

- **Lokaladverb** = Ortsangabe (Wo? Woher? Wohin?): *hier, oben, hinüber, irgendwo*
- **Temporaladverb** = Zeitangabe (Wann? Wie lange? Wie oft?): *damals, immer, oft, irgendwann*
- **Modaladverb** = Angabe der Art und Weise (Wie? Auf welche Art und Weise?): *vielleicht, leider, glücklicherweise, dummerweise, irgendwie*
- **Kausaladverb** = Angabe des Grundes (Warum?): *deshalb, darum*

Manche Wörter gehören je nach Bedeutung zwei Gruppen an, z. B. *daher*: *Er lügt. Daher vertraue ich ihm nicht.* (Kausaladverb) *Ich kenne München gut. Ich komme daher.* (Ortsadverb)

Übung 1 **Bestimme die Adverbien. Verwende Abkürzungen.**

Obwohl die Gefahren schon **jahrelang** bekannt sind, fallen **dummerweise immer** wieder

....

Menschen auf Computerbetrüger herein. Gefährdet sind **leider** gerade Kinder. Eltern sollten

....

deshalb eine Kinderschutzsicherung nutzen. Ist ein Virus erst einmal im Computer **drinnen**,

....

ist mancher Nutzer **vielleicht** ganz hilflos. Er weiß **dann** nicht mehr, wo **oben** und **unten** ist.

....

Jetzt erklären wir noch einen **besonders** gemeinen Trick: Ein Dialer ist ein Miniprogramm,

....

das **irgendwie** bewirkt, dass man ab **da** nicht mehr normal ins Internet gelangt, sondern

....

über eine **sehr** teure Sondernummer. **Daher niemals** unbekannte kostenlose Software

....

herunterladen! In ihr ist oft ein Dialer versteckt.

Lösungen Seite 116

Alles klar?! **Präposition (= Verhältniswort)**

Eine Präposition steht vor einem Nomen, Pronomen oder Adverb. Sie gibt **räumliche**, **zeitliche** oder **gedankliche Verbindungen** an: *Der Computer steht auf dem Tisch. Ich besaß ihn seit Jahren. Wegen meiner Ungeschicklichkeit muss ich einen neuen kaufen.*

Präpositionen und Artikel können verschmelzen: *Ich arbeite auch am Sonntag.*

Präpositionen verlangen immer einen bestimmten Kasus (Fall) des Bezugswortes:
- Genitiv: *wegen der Ungeschicklichkeit, trotz meiner Bemühungen*
- Dativ: *mit dem Computer, zu dem Computer*
- Akkusativ: *für den Computer, ohne den Computer*

Übung 2 **Schreibe den Text ab und setze die eingeklammerten Wörter in den richtigen Kasus. Beispiel:** ***Der Computer steht auf (der Tisch).*** **→** ***Der Computer steht auf dem Tisch.***

Ich erzähle dir noch von (eine weitere Gemeinheit), die in (das Gehirn) von (Computerkriminelle) entstanden ist. Kennst du dich mit (Trojaner) aus? Diese Bezeichnung erinnert an (die antike Stadt) und (der Krieg), der dort zwischen (die Griechen) und (die Trojaner) geführt wurde. Nach (eine lange vergebliche Belagerung) dachten sich die Griechen einen Trick aus: Sie setzten Männer in (ein riesiges Holzpferd), schoben es vor (die Stadt) und taten so, als ob sie aufgrund (die Überlegenheit) der Trojaner und unter (größtes Bedauern) abziehen würden. Die dummen Trojaner fielen auf (der Trick) herein, zogen das Pferd in (die Stadt) und betranken sich in (ihr Siegestaumel) maßlos. Nachts krochen die Griechen aus (das Pferd), stapften über (die Betrunkenen), öffneten die Stadttore – und Troja wurde innerhalb (kürzeste Zeit) und mit (größte Brutalität) niedergemacht.

Die Trojaner in (dein Computer) kriechen nun nicht heraus, um dich in (die Nacht) zu töten. Aber wegen (ein Trojaner) in (dein Computer) kann ein Fremder sich in (dein Computer) einloggen. Unter (deine Adresse) kann er beispielsweise Werbemüll, sogenannten Spam, an (andere) losschicken. Wenn du von (ein anderer Benutzer) eine böse Mail bekommst, in (die) er sich über (der Werbemüll) von (deine Adresse) ärgert, weißt du: Du hast seit (kurz) einen Trojaner zu Gast. Von (manche Anti-Spam-Programme) wird deine Adresse dann gesperrt und deine Mails werden nicht mehr zugestellt.

 Lösungen Seite 116

Alles klar?! **Numeralien (oder Numeralia = Zahlwörter)**

Ein Numerale gibt die Anzahl oder Menge mathematisch genau an (im Unterschied zu Indefinitpronomen, siehe S. 56).

- **Kardinalzahlen** = Grundzahlen: *eins*, *zwei*…; *die Ansicht dreier Teilnehmer*
- **Ordinalzahlen** = Ordnungszahlen, die eine bestimmte Stelle innerhalb einer Rangfolge angeben: *der zweite Mann*, *der siebte Geburtstag*, *die erste Liebe*

Übung 3 **Schreibe über die unterstrichenen Wörter ein K, wenn es eine Kardinalzahl ist, oder ein O, wenn es sich um eine Ordinalzahl handelt. Zur Wiederholung sind auch einige Indefinitpronomen eingebaut. Kennzeichne sie mit IP.**

Die dritte gemeine Form krimineller Programme nennt man Spyware, weil diese Spione eins, zwei, drei den Computer nach Informationen durchsuchen, bis sie etwas Interessantes sowie Verwertbares gefunden haben. Wenn mancher denkt, dass ihm das egal sei, denn er habe keine großen Geheimnisse, so ist er nicht der Erste, der so falsch denkt. Obwohl er bloß zehn Dateien mit Tagebucheinträgen hat, interessiert das jemanden. Um ein Profil vom Besitzer zu erstellen, benutzen Spione Suchwörter. Sobald sie fertig sind, schicken sie die Informationen an ihren Aufraggeber zurück. Der verkauft das an irgendwelche Firmen, die den Ausspionierten mit tausend und mehr Werbemails zumüllen, ob er will oder nicht. Im schlimmsten Fall können Spione auch Passwörter stehlen, das jedoch wird für das Opfer richtig teuer.

Alles klar?! **Konjunktionen (= Bindewörter)**

Sie verknüpfen Wörter, Satzteile und Sätze.

- **einfache Konjunktionen:** *und, aber, denn, dass, weil, obwohl* usw.
- **paarweise auftretende Konjunktionen:** *entweder – oder, weder – noch* usw.

Übung 4 **Schreibe die folgenden Konjunktionen in alphabetischer Reihenfolge ab und präge sie dir ein.**

als, dass, doch, nachdem, damit, während, wie, bevor, seit, auch, seitdem, und, solange, wenn, sobald, bis, jedoch, indem, weil, da, aber, denn, um, zu, falls, also, oder, sowie, ob, entweder – oder, sowohl – als auch, weder – noch, nicht nur – sondern auch

Übung 5 **Markiere im Text von Übung 3 die Konjunktionen mit roter Farbe.**

Lösungen Seite 116–117

Abschlusstest (30 Minuten)

Aufgabe 1 **Bestimme die fett gedruckten Verben. (Lateinische Fachbegriffe!)**

	Person	Numerus	Tempus	Sonstiges
Du **lerntest** jetzt viel.				
Wirst du die Tipps **beachten**?				
Werden die Tipps von dir **beachtet**?				
Dann **hatte** es sich **gelohnt**.				
Schütze deinen Computer gut!				

Punkte: ☐ von 17

Aufgabe 2 **Notiere unter jedem Wort die genaue Wortart. (Lateinische Fachbegriffe!)**

Im Internet gibt es seltsame Wesen, die sich dort herumtreiben.

Beispielsweise gibt es auch Viren und Würmer.

Zuerst schleichen diese sich mit irgendeiner Mail in deinen

Computer, dann zerstören sie einige Teile. Würmer benutzen deine

Adressliste und rasen so in zwei Sekunden zum nächsten Opfer.

Punkte: ☐ von 45

Punkte: ☐ von 62

55–66: Respekt, du hast viel gelernt und bist in Sachen Wortarten fit.

34–54: Einen Teil des behandelten Stoffes beherrschst du leider noch nicht sicher. Bearbeite bitte nochmals die Übungen, in denen du viele Fehler gemacht hast.

0–33: Schade, aber das Kapitel hast du noch nicht im Griff. Mache eine Pause und arbeite es nochmals gründlich durch.

Lösungen Seite 117

5 Satz

Zugegeben: Satzteile zu bestimmen macht wenigen Schülern Spaß. Aber die Erfahrung zeigt auch, dass man die Dinge gerne macht, die man beherrscht. Bei diesem Ziel helfen dir die folgenden Übungen. Betrachte die Satzteilbestimmung auch noch unter einem anderen Gesichtspunkt: Sie schult dein logisches Denkvermögen. Wenn du in zehn Jahren keine Satzteile mehr bestimmen kannst, ist das nicht schlimm. Aber logisches Denkvermögen brauchst du immer. Viel Spaß beim Tüfteln!

5.1 Grundlegende Satzteile

Alles klar?! **Wiederholung: Die wichtigsten Satzteile**

Diese Satzteile kennst du schon:

- **Subjekt** = Satzgegenstand; Frage: *Wer oder was (tut oder erleidet etwas)?*
- **Prädikat** = Satzaussage = Tätigkeit in dem Satz
- **Objekt** = Satzergänzung
  - **Dativobjekt** = Satzergänzung im 3. Fall; Frage: *Wem?*
  - **Akkusativobjekt** = Satzergänzung im 4. Fall; Frage: *Wen oder Was?*
- **Adverbiale** = Umstandsbestimmung
  - **Lokaladverbiale** = Umstandsbestimmung des Ortes; Fragen: *Wo/Wohin/Woher?*
  - **Temporaladverbiale** = Umstandsbestimmung der Zeit; Fragen: *Wann/Seit wann/ Bis wann/Wie lange?*
  - **Modaladverbiale** = Umstandsbestimmung der Art und Weise; Fragen: *Wie? Auf welche Weise?*
  - **Kausaladverbiale** = Umstandsbestimmung des Grundes; Fragen: *Warum? Weshalb?*

TIPP: Formuliere die Frage nach einem Satzteil immer vollständig, d.h., baue **alle** nicht erfragten Satzglieder ein. Beispiel: *Autos gefallen mir.*

- Frage nach dem **Subjekt**: *Wer oder was gefällt mir?* → *Autos*
- Frage nach dem **Objekt**: *Wem gefallen Autos?* → *mir*

Übung 1 **Formuliere zu jedem umrahmten Satzteil die vollständige Frage. Bestimme dann den Satzteil. Schreibe auf ein Blatt. Beispiel: *Wo haben Menschen Hobbys?* → *Auf der ganzen Welt*: Lokaladverbiale**

[Auf der ganzen Welt] [haben] [Menschen] [Hobbys]. [Diesen] [widmen] [sie] [immer] [viel Zeit].

Übung 2 **Schreibe unter die Satzteile, um welchen Satzteil es sich handelt.**

[Manche Menschen] [sammeln] [am liebsten] [Briefmarken].

....

[Ihre Augen] [glänzen] [vor Freude] [wegen dieser kleinen Papierstückchen].

....

[Andere] [angeln] [voller Begeisterung] [in jeder freien Minute]

....

[an einem Fluss]. [Ihnen] [gefällt] [stundenlanges Warten auf einen Fisch].

....

Lösungen Seite 118

Alles klar?! **Reihenfolge von Satzteilen**

Die Reihenfolge der Satzteile im Deutschen kann sehr unterschiedlich sein. Es kommt darauf an, was man betonen möchte:

- *Autofans geben ihren letzten Cent für Autos aus.*
- *Ihren letzten Cent geben Autofans für Autos aus.*
- *Für Autos geben Autofans ihren letzten Cent aus.*

Was du noch beachten solltest:

- In **Ausrufe- und Fragesätzen** ist die **Stellung der Satzteile anders** als in Aussagesätzen.
- Bei **Befehlssätzen** gibt es **kein Subjekt**.
- **Satzteile** können in einem Satz auch **mehrfach auftreten.**

Übung 3 **Schreibe die folgenden Sätze ab, umrahme die Satzteile und bestimme sie! Schräg gedruckte Wörter musst du nicht bestimmen.**

Seine Autos liebte ein verrückter Autofan über alles. Tagelang, stundenlang, wochenlang putzte *und* polierte er aufgrund seiner Leidenschaft seinen BMW, seinen Porsche *und* seinen Mercedes mit größter Hingabe. Ist dort ein kleines Staubkorn? Erkennt man an dieser versteckten Stelle einen kleinen Flecken? Ständig beschäftigen ihn diese Fragen. Andere sagten ihm: „Du spinnst furchtbar. Tue etwas Vernünftiges! Verschwende *nicht* deine Zeit!" *Aber* jeder Mensch spinnt in seiner Freizeit *eben* auf seine Weise und hat *auch* das Recht *dazu*. *Hauptsache*, er schadet währenddessen niemandem.

Alles klar?! **Prädikate können aus mehreren Teilen bestehen:**

- *Autofans **geben** ihren letzten Cent für Autos **aus**.*
- *Autofans **haben** ihren letzten Cent für Autos **ausgegeben**.*
- *Autofans **wollen** für ihr Auto den letzten Cent **ausgeben**.*

TIPP: Markiere bei der Satzteilbestimmung immer alle Prädikatsbestandteile.

Lösungen Seite 118

Übung 4 **Schreibe die folgenden Sätze ab, umrahme die Satzteile und bestimme sie! Schräg gedruckte Wörter musst du nicht bestimmen.**

Autosammler behaupten oft: Sie haben zahlreichen Menschen genutzt. Wegen der Autonarren sind in Autofabriken einige Arbeitsplätze gesichert. Diesen Umstand sollen die Kritiker bedenken. Dem Klima schaden die Autonarren *jedoch* ziemlich stark. Aufgrund des hohen Benzinverbrauchs verringern sich *auch* die Erdölbestände. Das muss man diesen Menschen mit aller Deutlichkeit sagen.

Alles klar?! **Die Umstellprobe**

Mit der **Umstellprobe** (Verschiebeprobe) vermeidest du Fehler bei der Satzteilbestimmung. Du stellst damit fest, welche Wörter zu einem Satzteil gehören.
Beispiel: *Unser Autonarr liebt jede Schraube seiner scharfen Flitzer.*

- Umstellung ohne Sinnveränderung: *Jede Schraube seiner scharfen Flitzer liebt unser Autonarr.*
- Umstellung ergibt Unsinn: *Jede Schraube liebt unser Autonarr seiner scharfen Flitzer.*

Übung 5 **Führe die Umstellprobe für die folgenden Sätze durch.**

Viele Freunde des Autonarren bewunderten häufig die Sammlung schöner Autos. Beim Anblick der Wagen erfüllte den Besitzer tiefer Stolz.

 Lösungen Seite 118–119

5.2 Genitiv- und Präpositionalobjekt

Alles klar?! **Genitivobjekt = Satzergänzung im zweiten Fall**

Das Genitivobjekt kommt nur selten und nur bei bestimmten Verben vor. Frage: *Wessen?* *Ich nehme mich der Sache an. Wessen nehme ich mich an?* Antwort: *der Sache*

Übung 1 **Umrahme in den folgenden Sätzen die Genitivobjekte.**

Unser Autonarr rühmte sich seiner Autosammlung. Er nahm sich seiner scharfen Flitzer gerne an. Natürlich war er sich seiner Verrücktheit bewusst. Aber gegenüber Kritikern erwehrte er sich seiner Haut und wollte sich nicht eines Besseren besinnen. Doch auf einmal spottete sein Porsche jeder Beschreibung. Der ganze Lack war verkratzt. Er erinnerte sich eines besonders sturen Kritikers. Hatte dieser Kerl ihm das angetan?

Alles klar?! **Genitivobjekt mit Reflexivpronomen**

- Viele Verben mit Genitivobjekt führen auch ein Reflexivpronomen (siehe S. 56) mit sich:
  sich einer Sache erinnern, sich der Haut erwehren, sich einer Sache annehmen
- Dieses Reflexivpronomen ist Teil des Prädikats, nicht Objekt. Man kann es nicht erfragen.

Übung 2 **Unterstreiche in den Sätzen von Übung 1 die Prädikate mit einem Reflexivpronomen.**

Alles klar?! **Präpositionalobjekt = Satzergänzung durch einen Präpositionalausdruck**

- Das Präpositionalobjekt gibt es im Deutschen häufig.
- Du erfragst es mit *Wofür…? Wogegen…? Wodurch…?*
- Das Fragewort besteht aus der Kombination wo + Präposition des zu erfragenden Satzteils.
  Ich passe auf dich auf. Worauf passe ich auf? Antwort: auf dich

Lösungen Seite 119

Übung 3 **Umrahme die Präpositionalobjekte in den folgenden Sätzen und notiere rechts das jeweils passende Fragewort.**

Der Autonarr wandte sich an die Polizei. ....

Diese forschte nach dem Täter. ....

Er versteckte sich vor der Polizei, ...

die auf ihn Jagd machte. ....

Vergeblich wehrte er sich gegen seine Verhaftung. ....

Er beharrte auf der Richtigkeit seiner Aktion. ....

Der Richter verurteilte ihn aber für seine Tat. ....

Er wies ihn auf den Grundsatz hin, ...

dass niemand für seine Ideen Gesetze brechen darf. ....

Vorsicht, Falle!

- Fragen nach dem Präpositionalobjekt beginnen immer mit *W...?*, niemals mit einer Präposition!
- Formulierst du die Frage nach dem Präpositionalobjekt so: *An wen? Nach wem? Vor wem?*, besteht die Gefahr, dass du den Satzteil falsch bestimmst.
  Beispiel: *An wen?* → Bestimmung als Akkusativobjekt statt als Präpositionalobjekt.
- Die richtige Formulierung lautet: *Woran? Wonach? Wovor?* usw.

Lösungen Seite 119

5.3 Attribute

Alles klar?! **Attribute = Beifügungen zu Nomen**

- Das Attribut ist kein eigenständiger Satzteil, sondern Teil eines Satzteils.
- Das Attribut bleibt beim Nomen, auch wenn man den Satz umstellt.
  Das schöne Auto gefällt mir. → Mir gefällt das schöne Auto.

Die wichtigsten Arten von Attributen:

- **adjektivisches Attribut** = Adjektiv als Ergänzung: *Das ist ein **schönes** Auto.*
- **Genitivattribut** = Genitivausdruck als Ergänzung: *Das ist das Auto **des Mannes**.*
- **Apposition** = nachgestellter Nominalausdruck als Ergänzung:
  *Der Mann, **ein begeisterter Autosammler,** war wütend.*
- **Präpositionalattribut** = Präpositionalausdruck als Ergänzung:
  *Das Auto **auf diesem Platz** ist sehr schön.*

Übung 1 **Markiere im folgenden Text jedes Attribut rot. Bestimme dann die Art des Attributs und den umrahmten Satzteil. Notiere beides auf den Zeilen darunter.**

[Unser Autofreund, ein Autonarr,] reparierte [den kaputten Porsche]

....

[in mühevoller Kleinarbeit]. Er ärgerte sich [über den gewalttätigen Autozerkratzer].

....

[Der Ärger auf den Typen] verflog aber, als [die Kratzer im Lack] beseitigt waren und

....

[der Porsche des Autofreundes] wieder [in hellem Glanz] erstrahlte.

....

Übung 2 ★ **Jetzt musst du genau nachdenken. Markiere in den Sätzen die Genitivattribute rot und die Genitivobjekte grün. Mache im Zweifelsfall die Umstellprobe!**

Neuer Ärger bemächtigte sich des Autofreundes. Der Porsche des Mannes stotterte auf einmal. Er bedurfte offensichtlich der Reparatur. Allmählich wurde der Geldbeutel des Autofans immer leerer. Im letzten Moment erinnerte er sich eines Sparschweins. Mit dem Inhalt des Sparschweins konnte er die Reparatur seines Wagens bezahlen. Glück gehabt!

Lösungen Seite 119

5.4 Adverbialsätze

Alles klar?! **Adverbialsätze**

- Adverbialsätze übernehmen im Satzgefüge die Rolle eines Adverbiales, also einer Umstandsbestimmung.
- Adverbialsätze beginnen mit einem Einleitungswort = Konjunktion, die die logische Beziehung zwischen Haupt- und Nebensatz herstellt.

Die wichtigsten Arten von Adverbialsätzen:

• **Temporalsatz** → Zeit *als, nachdem, bis, seit* usw.	*__Nachdem__ der Wagen repariert war, fühlte sich der Autofan besser.*
• **Lokalsatz** → Ort *wo, wohin, woher*	*__Wo__ früher einmal Kratzer waren, glänzte jetzt wieder der Lack.*
• **Modalsatz** → Art und Weise *indem, dadurch dass*	*Der Mann konnte die Reparatur bezahlen, __indem__ er sein Sparschwein schlachtete.*
• **Kausalsatz** → Grund *weil, da*	*__Weil__ das Geld im Sparschwein reichte, konnte der Mann die Rechnung bezahlen.*
• **Finalsatz** → Zweck, Absicht *damit*	*Er schlachtete das Sparschwein, __damit__ er die Rechnung zahlen konnte.*
• **Konsekutivsatz** → Folge *sodass/so dass, so… dass*	*Die Reparatur war teuer, __sodass__ er sich sonst nichts mehr leisten konnte. – Die Reparatur war so teuer, __dass__ er sich …*
• **Konditionalsatz** → Bedingung *wenn, falls*	***Wenn*** das Sparschwein nicht gewesen wäre, *hätte der Mann ein Problem gehabt.*

Übung 1 **Schreibe den Text ab. Unterstreiche die Adverbialsätze und bestimme sie.**

Nachdem der Autofan den ganzen Ärger überstanden hatte, wollte er in den Urlaub fahren. Er musste sich von seiner Mutter Geld ausleihen, weil er keines mehr hatte. Sie gab ihm aber nur wenig, sodass er nur einen kleinen Urlaub machen konnte. Sie tat das auch, damit er nicht sein ganzes Geld in die Autos steckte. Sie hätte ihm vielleicht gar nichts gegeben, falls sie die Folgen gekannt hätte. Alle Menschen bewunderten sein Auto, wohin er auch kam. So wurde er doch nicht sparsamer, als er aus dem Urlaub zurückkehrte. Wenn man sein Hobby derart übertreibt, braucht man sich über Probleme nicht zu wundern. Als der Mann seine Rechnungen nicht mehr bezahlen konnte, wurden ihm die Autos weggenommen, sodass er sehr traurig wurde.

 Lösungen Seite 120

5.5 Subjekt- und Objektsätze, Relativsätze

Alles klar?! **Auch andere Satzglieder eines Satzgefüges können durch Nebensätze (Gliedsätze) ersetzt werden.**

- **Subjektsatz:** *Dass Hobbys wichtig sind, ist bekannt.* – Wer oder was ist bekannt? → *Dass Hobbys wichtig sind*
- **Objektsatz:** *Ich weiß, dass ich nichts weiß.* – Wen oder was weiß ich? → *Dass ich nichts weiß*
- **Relativsatz** als Vertreter eines **Attributs**: *Das Auto, das dort steht, gefällt mir.* – Welches Auto gefällt mir? → *(das), das dort steht*

Übung 1 **Notiere neben jedem Satz die Frage, mit der du die Art des unterstrichenen Nebensatzes bestimmen kannst, und schreibe daneben, um welche Art von Satz es sich handelt (Subjekt-, Objekt- oder Relativsatz).**

Satz	Frage	Art des Satzes
Eine Tätigkeit, die Spaß macht, wird oft zum Hobby.	....	....
Dass Arbeit nicht immer Spaß macht, ist normal.	....	....
Dass jemand sein Hobby zum Beruf macht, hört man selten.	....	....

Übung 2 **Entscheide, ob es sich bei den unterstrichenen Nebensätzen um Subjektsätze (S), Objektsätze (O) oder Relativsätze (R) handelt.**

Nur wenige haben gehört, dass sich das Wort Hobby von „hobby-horse“ ableitet. Darunter versteht man zunächst ein Pferd, das klein ist. Im Lexikon steht weiterhin, dass man damit auch ein Kinderspielzeug bezeichnet. Bei dem früher sehr beliebten Kinderspielzeug, das hier gemeint ist, handelt es sich um ein hölzernes Pferd, welches aus einem Stecken mit einem Pferdekopf darauf besteht: das Steckenpferd. Dass der Ausdruck „Steckenpferd“ von vielen als Synonym zu „Hobby“ gebraucht wird, weißt du sicher. Zur Definition eines Hobbys gehört normalerweise, dass man mit der Tätigkeit kein Geld verdient. Dass mancher durch sein Hobby reich geworden ist, hört man immer wieder. In den meisten Fällen, die man kennt, ist das aber nicht so. Dass Hobbys vor allem Geld verschlingen, ist der Normalfall.

Lösungen Seite 120

Abschlusstest (30 Minuten)

Aufgabe 1 **Schreibe die folgenden Sätze mit Leerzeilen ab, unterstreiche die Satzteile und bestimme sie. Schräg gedruckte Wörter und Attribute brauchst du nicht zu bestimmen.**

Aus der Geschichte des Autonarren lernen wir etwas Wichtiges: *Auch* in der Freizeit sollte man aus vielen Gründen niemals die Vernunft verlieren *und* sich rechtzeitig eines Besseren besinnen. Manche Menschen übertreiben *beispielsweise auch* sportliche Betätigungen. Sport hilft jedem sicherlich *und* fördert die Gesundheit. Manche Segler *jedoch* fahren am liebsten auf das stürmische Meer hinaus, manche Skifahrer benutzen gefährlichste Pisten *und* viele Sportler hören nicht auf körperliche Alarmsignale.

Punkte: ☐ von 35

Aufgabe 2 **Schreibe die folgenden Sätze mit Leerzeilen ab, unterstreiche die Attribute und bestimme sie.**

Die Römer, ein kluges Volk, sagten: In einem gesunden Körper wohnt ein gesunder Geist. Beachte die Weisheit dieses Sprichworts! Höre auf die Alarmsignale in deinem Körper!

Punkte: ☐ von 5

Aufgabe 3 **Schreibe die folgenden Sätze mit Leerzeilen ab, unterstreiche die Adverbialsätze und bestimme sie.**

Wenn du vernünftig Sport treibst, ist das sehr gesund. Während du trainierst, solltest du aber aufpassen, damit du deinem Körper nicht schadest. Manche übertreiben leider, sodass sie sich schaden. Weil das so ist, müssen die Krankenkassen viel Geld ausgeben. Indem du vorsichtig Sport betreibst, nützt du also auch anderen, wo immer du lebst.

Punkte: ☐ von 7

Punkte: ☐ von 47

38–47: Gratuliere, du beherrschst diesen Teil der Grammatik schon sehr gut!

20–37: Überlege aufgrund der Fehler im Test, wo du noch Schwierigkeiten hast. Arbeite die entsprechenden Übungen erneut durch.

0–19: Du zeigst bei der Satzteilbestimmung große Schwächen. Befasse dich erneut gründlich mit diesem Kapitel und arbeite auch die entsprechenden Unterlagen aus dem Unterricht noch einmal durch.

Lösungen Seite 120–121

6 Rechtschreibung

„Rechtschreibung ist unwichtig, aber man sollte sie beherrschen“, sagte einmal ein kluger Mann. Dabei hilft dir dieses Kapitel. Du wirst sehen, dass die deutsche Rechtschreibung viel systematischer und logischer ist, als viele denken.

6.1 Grundlagen: Wortbestandteile, Wortstamm, Wortfamilie

Alles klar?! **Wortbildung**

- Wörter bestehen aus Bausteinen: Wortstamm, Vor- und Nachsilbe, Endung
- Um die Rechtschreibregeln richtig anzuwenden, musst du Wörter in diese Bausteine zerlegen können.

Übung 1 **Bestimme die Wortbestandteile. Füge in der Kopfzeile der Tabelle folgende Begriffe ein: *Wortstamm, Vorsilbe (Präfix), Nachsilbe (Suffix), grammatikalische Endung*. Trage dann die Wortbestandteile der letzten vier Wörter in die richtige Spalte ein.**

befreien	be	frei		en
Freiheit		Frei	heit	
unfrei	un	frei		
erreichen				
du erreichst				
des Baums				
unkindlich				

 Lösungen Seite 121

Alles klar?! **Wortstamm, Wortfamilie, Wortfamilienprinzip**

Wörter mit demselben **Wortstamm** bilden eine **Wortfamilie**.
Der Wortstamm bleibt normalerweise in allen Formen eines Wortes gleich. Änderungen gibt es vor allem beim Vokal:

- **Ablautung** (Veränderung des Vokals im Stamm):
  sehen – siehst – sah – gesehen
- **Umlautung** (aus *a* wird *ä*, aus *o ö*, aus *u ü*):
  Maus – Mäuse, dumm – dümmer
- **Veränderungen der Länge** und damit auch des folgenden Konsonanten (Mitlauts):
  nehmen – nahm – genommen

Allgemeine Grundlage der Lautschreibung: das **Wortfamilienprinzip**.

- Wörter derselben Wortfamilie schreibt man gleich:
  heulen, Geheule; Räuber, räuberisch
- **Ausnahme:** Ändert sich der Vokal des Wortstamms, kann sich auch die Schreibweise der Konsonanten ändern:
  gießen, aber *gegossen* (bei *gießen ß* nach langem Vokal, bei *gegossen ss* nach kurzem Vokal)

Übung 2 **Ergänze die fehlenden Buchstaben und unterstreiche dann den Wortstamm.**

Riese – rie.....ig

Hass – ha.....en – hä.....lich

neu – ern.....ern – N.....igkeit

froh – fr.....hlich

Name – n.....mlich

Volk – Be.....ölkerung – be.....ölkern

groß – vergrö.....ern

ängstlich – .....ngstigen

Haus – H.....ser – h.....slich – Geh.....se

freuen – Fr.....de

Ende – unen.....lich – been.....en

Lösungen Seite 121

6.2 Schärfung

Alles klar?! **Konsonanten am Wortstammende nach kurzem Vokal**

- Folgt innerhalb des Wortstamms **auf einen betonten kurzen Vokal ein einzelner konsonantischer Laut**, wird er **verdoppelt**. Auf diese Weise wird die Kürze des Vokals gekennzeichnet:
  summen, du summst, rennen, gerannt
- Folgen innerhalb des Wortstamms auf einen betonten kurzen Vokal mehrere verschiedene Konsonanten (**„Konsonantenhäufung“**), werden sie **nicht verdoppelt**: *heftig, Grenze, kräftig, verkrampft*

Übung 1 **Unterstreiche im folgenden Text die Wortstämme der farbig gedruckten Wörter und mache dir dabei die Regeln klar.**

Es gibt schon dumme Verbrecher. In einem deutschen Ort passierte Folgendes: Ein Räuber, der sich ganz gerissen vorkam, schob einen Zettel mit den Worten: „Das ist ein Überfall!“ über den Schalter einer Bank. Der Angestellte ergriff das Blatt, drehte es um und grinste. Denn dort fand er einen Stempel mit Name, Anschrift und Telefonnummer des Gangsters. Als der das merkte, stürmte er zornig hinaus. Doch umsonst! Die Polizei fasste ihn schnell.

Übung 2 **Lass dir den Text aus Übung 1 diktieren.**

Übung 3 **Lies die folgenden Sätze aufmerksam durch. Überlege: Warum schreibt man die unterstrichenen Wörter so?**

a) Die Läufer starten. Die Reporter starrten auf die Läufer.
b) Über die Hütte fliegen zwei Hüte.

Lösungen Seite 121–122

Alles klar?! ***k* oder *ck*, *z* oder *tz*?**

- Nach kurzem Vokal folgt immer *ck* oder *tz*: *gackern, Tatze*
- In allen anderen Fällen, also nach langem Vokal, nach Diphthong (*äu, eu, ai, ei, au*) oder nach Konsonant, folgt immer einfaches *k* oder *z*: *Haken, spreizen, stinken*
- **Achtung!** Im Deutschen wird *k* nach kurzem Vokal zu *ck* (statt *kk*), *z* zu *tz* (statt *zz*).

Übung 4 **Schreibe die Wörter ab und ersetze XX durch *k* oder *ck*, *z* oder *tz*.**

SoXXen, stinXXen, verwelXXen, wiXXig, kreuXXen, StüXXe, BenXXin, RoXX (2 Möglichkeiten), BorXXenkäfer, nachdenXXlich, spiXXen, kraXXen, heiXXen, BirXXe, siXXen, reiXXvoll, tanXXen (2 Möglichkeiten), riXXen, KerXXe, FinXX, heXXen, SchluXXauf, ArXXt, BeXXen, MediXXin, eXXelig, ganXX, SpreiXXhose, seufXXen, eXXig, tiXXen, LüXXe, KeXXs, er leXXt, sie schluXXt, er heXXt, er steXXt, du peXXt

Übung 5 **Lass dir den folgenden Text diktieren.**

Zwei beknackte Gauner versuchen mittels einer dicken Kette, die sie an der Stoßstange ihres alten Karrens befestigen, einen Bankautomaten zu knacken. Dummerweise öffnet sich aber nicht der Geldschrank. Stattdessen wird die Stoßstange weggerissen. Der gewaltige Lärm bewirkt, dass die Männer flüchten. Zu ihrem Unglück hängt an der Stoßstange allerdings noch das Nummernschild. Ein Dieb stellt sich noch dümmer an: Er will aus einem Altkleidercontainer etwas klauen, fällt hinein und bleibt stecken. Ein Räuber überfällt heftigst betrunken eine Bank, bekommt das geforderte Geld und unterschreibt eine Quittung. In Dänemark springt ein Räuber in ein Taxi und nennt dem Fahrer seine Adresse. Das Taxi entpuppt sich aber als Polizeiauto. In Rostock bricht ein Gauner durch die Dachluke in einen Supermarkt ein. Er verliert das Gleichgewicht und stürzt in ein Regal voller Ketchup-Flaschen. Als am nächsten Morgen der erste Verkäufer den Laden betritt, entdeckt er zu seinem Schrecken überall spitze Scherben und rote Schleifspuren. Der verhinderte Einbrecher hockt zitternd unter einer Kasse. Er hatte sich das linke Bein gebrochen, erfolglos nach dem Ausgang geforscht und war letztendlich eingeschlafen. Ein Arzt versorgt ihn medizinisch, dann wird der Kerl ins Gefängnis gebracht.

Lösungen Seite 122

6.3 Dehnung

Alles klar?! **Ein langes *i* wird in 99 % der Fälle mit *ie* geschrieben.**

Die **Sonderfälle** musst du dir einprägen:

- **langes *i* als einfaches *i***: in wenigen kleinen deutschen Wörtern: *dir, mir, wir; gibst, gib* – (aber: *ergiebig, ausgiebig*) sowie in zahlreichen Lehn- und Fremdwörtern: *Bibel, Igel* usw.
- **langes *i* als *ih***: nur bei den Pronomen *ihm, ihn, ihr, ihnen, Ihr, Ihnen* usw.
- **langes *i* als *ieh***: *fliehen, wiehern, ziehen, Vieh, du siehst* usw.

Achtung: Verwechsle nicht **wider** und **wieder**!

wider = gegen; *Widerstand, widerlich, widerfahren* (etwas Negatives passiert einem)
wieder = nochmals, zurück, erneut; *wiederkommen, wiederholen, Wiederwahl*

Übung 1 **Schreibe die folgenden Wörter getrennt auf zwei Lernplakate. Hänge jedes einige Tage auf und präge dir so die Schreibweisen ein.**

Gruppe 1: dir, mir, wir, gib, gibst, gibt, Minute, Nische, Igel, Bibel, Brise, Krise, Biber, Tiger, Liter, Präsident, (Augen-)Lid, Klima, (Bleistift-)Mine

Gruppe 2: fliehen, wiehern, ziehen, Vieh, du siehst, es geschieht, du befiehlst, befiehl, du stiehlst, du verziehst, er verzieh, wir verziehen

Lernplakat als Rechtschreibhilfe

- Schreibe die Wörter, die du lernen willst, auf ein großes Zeichenblockblatt und verziere es mit passenden Bildern (z. B. von einem Biber, Tiger usw.). Hänge dieses **Lernplakat** an eine Stelle, die du oft ansiehst.
- Notiere auf dem Plakat nur Wörter mit gleicher Problemstelle, also z.B. nur Wörter mit langem *i*, das als einfaches *i* geschrieben wird. Hänge jeweils nur ein Plakat auf.

Alles klar?! **Dehnung durch Doppelvokal**

Bei manchen Wörtern wird die Dehnung durch eine **Verdoppelung des Vokals** gekennzeichnet: *Paar, Beeren, doof*

TIPP: Achtung! Ein Doppel-*i* oder Doppel-*u* gibt es nicht. Präge dir die Wörter mit Doppelvokal wie Vokabeln ein.

Übung 2 **Wie Übung 1!**

aa: Aal, Haar, paar/Paar, Saal, Saat, Staat, Waage, waagerecht

ee: Beere, Beet, Fee, Galeere, Heer, verheeren, Klee, leer, leeren, Lorbeer, Meer, Schnee, See, Seele, seelisch, Speer, Tee, Teer, teeren, Armee, Idee, Kaffee, Moschee

oo: Boot, doof, Moor, Moos, Zoo

Alles klar?! **Das Dehnungs-*h* zur Kennzeichnung eines langen Vokals**

Mit Dehnungs-h

1. in vielen (aber nicht allen) Wörtern, deren Wortstamm auf *l, m, n* oder *r* endet: *Mühle*, *Rahm*, *Sahne*, *Ohr*. **Aber!** *hören, Plan, spüren, stören* usw.
2. in Wörtern, deren Stamm auf einen langen Vokal endet (dieses *h* kann man sprechen): *nahen*, *drehen*, *Floh*, *früher*

Ohne Dehnungs-h

3. in allen Wörtern, deren Wortstamm auf einen anderen Konsonanten als *l, m, n* oder *r* endet: *graben*, *südlich*, *Grafen*, *lügen*, *hupen*, *lesen*, *wüten*
4. in fast allen Wörtern, deren Wortstamm mit *qu, sch, sp* oder *t* beginnt: sich ab*quälen*, *schaben*, *spüren*, *Täler*
5. in den meisten Wörtern, deren Wortstamm einen Diphthong (*ai, ei, au, äu, eu*) enthält oder auf diesen endet: *blau*, *Reue*, *versäumen*, *schneiden*, *schneien*, *befreien*. Aber: *Weihnachten, Reihe, leihen* usw.
6. in Vor- und Nachsilben: ***Ur**großvater*, *furcht**bar***, *Schick**sal***, *Irr**tum***, *bieg**sam***

TIPP: Prüfe zuerst die Regeln, die gegen ein Dehnungs-*h* sprechen. Sie stechen die anderen Regeln aus. Beispiel: *quälen*: kein Dehnungs-*h*, weil der Wortstamm mit *qu* beginnt, selbst wenn er auf *l* endet.

Übung 3 **Umrahme bei den Wörtern zunächst die Wortstämme. Schreibe dann in die Klammern die Nummer(n) der zutreffenden Regel(n).**

schwören (....), lügen (....), wählen (....), Ruhe (....), er schlug (.... , ...), bedauerlich (....),

betrauern (.... , ...), quaken (.... , ...), blau (....), bemühen (....), Ruhm (....), Kohle (....),

speisen (.... , ... , ...), Mühle (....), Gemäuer (....), Tote (.... , ...), kühn (....), ernähren (....),

teuer (.... , ...), Flöhe (....), unermüdlich (....), Söhne (....)

Übung 4 **Lass dir den Text diktieren. Er enthält keine Ausnahmewörter.**

In Dortmund brachen unerfahrene Diebe in einen Laden ein. Zur Beute zählten Alkohol und Eier. Die zerbrachen bedauerlicherweise in der Tüte und hinterließen eine Spur, die bis zu den in der Nähe wohnenden Tätern führte. Ein nervöser Bankräuber floh auf den Gehsteig, bekam das Schloss seines Fahrrades nicht auf und schoss sich zum krönenden Abschluss vor lauter Nervosität in die Hand. Die Richter schonten ihn nicht und schickten ihn ohne Gnade für fünf Jahre hinter schwedische Gardinen.

Lösungen Seite 122

6.4 s-Rechtschreibung: *s, ss* oder *ß*?

Alles klar?! **In folgenden Fällen steht immer ein einfaches *s*:**

- nach Konsonant: *Hals/Hälse, falls, Mumps, Linsen*
- in der Verbindung st/sp: *fast, Post, Küste, Wespen*

TIPP: Beides ist über die Regel zur **Konsonantenhäufung** erklärbar (siehe S. 74): Folgt auf einen kurzen betonten Vokal eine Konsonantenhäufung am Wortstammende, wird kein Konsonant verdoppelt.

Übung 1 **Unterstreiche bei den fett gedruckten Wörtern die *st-/sp*-Verbindung bzw. den Konsonanten und das folgende *s*. Mache dir dabei die Regeln klar.**

Lust auf **lustige** Nonsens-Sätze und **Schnapsideen**? **Ausgewachsene Gänse bremsen** auf **Inseln meistens abwechselnd** vor **grinsenden Linsen** und **listigen Erbsen**. Auf einem **rostigen Kasten rasten** die **hustenden Krebse**, die **lästigen Kekse** und die **rätselhaften Füchse**. **Geister pusten hastig** durch die Löcher ihrer **Weste**. **Belästigt** dich der **dreiste** (= unverschämte) **Meister**?

Alles klar?! **Der Doppelkonsonant *ss***

- Auf einen kurzen Vokal im Wortstamm folgt fast immer der Doppelkonsonant *ss*:
  hassen, ich hasse, verhasst, küssen, Kuss, Riss, rissig
- Diese Regel entspricht der Schärfungsregel (siehe S. 74) für Wörter wie *Tanne, Lappen, Dogge*.

Übung 2 **Ergänze die unvollständigen Wörter (alle mit *ss*!). Unterstreiche dann den Wortstamm.**

Mit Genu..... gebe ich ihm be.....er einen K..... und verpa.....e ihm eine N...... Man kann es nicht fa.....en, dass Leute in den T......... immer etwas übrig l........., obwohl es noch würde in ihren Magen p.......... Wi......en macht unerme.....lich hä.....lich.

Lösungen Seite 122

Unsinnssätze als Lernhilfe
Binde Wörter gleicher Schreibweise in Unsinnssätzen zusammen. Dann kannst du sie dir besser merken.
Aber Vorsicht: Verwende keine Wörter, die man an der entscheidenden Stelle unterschiedlich schreibt. Beispiel für einen ungeeigneten Lernsatz: *Anton hasst weiße Nüsse.*

Alles klar?! ***s* oder *ß*?**

Nach einem langen Vokal oder Diphthong (*ai, ei, au, äu, eu*) steht niemals *ss*, sondern
- **einfaches *s* bei stimmhafter Aussprache:** *Hase, Bluse, dösen, schmausen, Eisen*
- **scharfes *ß* bei stimmloser Aussprache:** *schmeißen, reißen, schießen, Füße*

Achtung! Du kannst dich nicht immer auf dein Gehör verlassen: Wenn das *s* am Wortende oder vor einem Konsonanten steht (*er schmaust, das Los*), spricht man es stimmlos aus. Im Zweifelsfall musst du eine verlängerte Form bilden, bei der auf das *s* ein Vokal folgt: *schmaust* → *schmausen, Los* → *Lose*, aber *Fuß* → *Füße*
Wenn du das stimmhafte *s* überhaupt nicht sprichst oder hörst wie oft in Süddeutschland, hilft dir die Wortfamilienregel auf S. 80.

Übung 3 **Bilde eine verlängerte Form zu den Wörtern (auf den *s*-Laut muss ein Vokal folgen) und entscheide dann über die richtige *s*-Schreibweise.**

der Gruß	die Grüße	er flie....t	....
er lo....t	....	schlie....lich	....
unbewei....bar	....	prei....wert	....

Übung 4 ***s* oder *ß*? Sprich die Worte im folgenden Lückentext laut aus und setze die richtige Schreibweise ein! Lass dir den Text anschließend diktieren.**

Der schneewei.....e Fu.....ball genie.....t es, drau.....en auf rei.....enden Bächen herumzudü.....en. Die rie.....ige Blu.....e dö.....t au.....erdem auf dem hei.....en Ei.....en und grü.....t den bö.....artigen Chef mit den lau.....igen Fü.....en, der gerade vor den flei.....igen E.....eln ausrei.....t. Er bü.....t für seine Bo.....heiten und macht keine mie.....en Spä.....chen mehr.

Lösungen Seite 122

Alles klar?! ***ß* oder *ss*?**

In manchen Wörtern wechseln *ß* und *ss* (aber niemals einfaches *s*!) ab. Das hängt von der Kürze bzw. Länge des vorangehenden Vokals ab, der sich bei Beugungen manchmal ändert, zum Beispiel: *fließen* (langer Vokal) – *Fluss* (kurzer Vokal); *reißen* (Diphthong) – *Riss* (kurzer Vokal)

Übung 5 **ß oder ss? Entscheide!**

rei.....en – der Ri....., ri.....ig; Schu....., gescho.....en – schie.....en; Abschlu....., Schlu.....,
verschlo.....en – schlie.....en, schlie.....lich, abschlie.....end; wi.....en, wi.....entlich,

Wi.....begierde, ich wu.....te – du wei.....t; Verge.....ichkeit, verge.....en – wir verga.....en;

e.....en, du i.....t, gege.....en – er a.....

Alles klar?! **Im Notfall gilt die Wortfamilienregel!**

Wer zwischen stimmlosem und stimmhaftem *s* in der Aussprache nicht unterscheidet (z. B. oft in Süddeutschland), merkt sich die Wörter nach der Wortfamilie.

- **einmal einfaches *s* – immer einfaches *s*:** *weise, Weisheit*
- **einmal *ss/ß* – immer *ss/ß*** (je nach Vokallänge), **niemals *s*:** *grüßen, Gruß; essen, aß, essbar*

Übung 6 **Finde die Wortfamilienmitglieder.**

Riese: r.......... ig; blasen: das Geblä..........e; losen: das L..........; lesen: die L..........ung;

Eis: ....ig, ver..........en; groß: die Grö.........., ver..........ern; stoßen: der ....;

bloß: entbl..........en; Spaß: ....en, ...ig, das ....chen; beißen: der ....;

messen: uner..........lich, ver..........en, das M.........., ...los, sich mä..........igen

Lösungen Seite 123

Alles klar?! ***das* oder *dass*?**

Bestimme die Wortart durch die Ersatzprobe.

- **das** = Artikel, Demonstrativ- oder Relativpronomen → ersetzbar durch *dieses* (Artikel, Demonstrativpronomen) oder *welches* (Relativpronomen)
- **dass** = Konjunktion → nicht ersetzbar!

Übung 7 **Notiere in Klammern das Ersatzwort. Gibt es keines, setze einen Strich. Lass dir den Text anschließend diktieren.**

Es ist bekannt, dass (....................) Richter einiges erleben. Aber das (....................), was einem französischen Richter passierte, das (....................) ist schon unglaublich. In seiner siebenjährigen Amtszeit war es das (....................) 17. Mal, dass (....................) derselbe Einbrecher vor ihm stand.

Dem Kerl wurde zur Last gelegt, dass (....................) er in eine Wohnung eingestiegen war. Dort aß er so viel von dem Essen, das (....................) er in der Küche fand, dass (....................) er sich todmüde auf das (....................) Sofa legte, das (....................) im Wohnzimmer stand. Er schlief so fest, dass (....................) die Polizei ihn wachrütteln musste. Der Richter tobte: „Dass (....................) es einen unfähigeren Einbrecher als Sie gibt, das (....................) kann ich mir nicht vorstellen. Das (....................) nächste Mal weigere ich mich, dass (....................) ich gegen Sie verhandle. Dann können Sie selbst sehen, dass (....................) Sie einen Richter finden, Sie Null." Ob das (....................) wirklich das (....................) letzte Verfahren gegen den Mann war, das (....................) ist leider nicht bekannt.

Lösungen Seite 123

6.5 Groß- und Kleinschreibung

Alles klar?! **Substantive werden immer großgeschrieben.**

- Hauptfehlerquelle: Substantive, die von einem Verb oder Adjektiv abgeleitet werden: *Verspätung (verspäten), Warterei (warten)*
- Merke dir folgende Nachsilben, die ein Wort als Substantiv kennzeichnen: *-ung, -nis, -heit, -keit, -ei*

Übung 1 **Finde die passende Nachsilbe und schreibe das Wort mit Artikel daneben.**

die UmleitXXX	die Umleitung	die SturXXX	....
die FreiXXX	....	die PrügelXXX	....
die HeftigXXX	....	die WirkXXX	....
das WagXXX	....	die HeiterXXX	....
die FrechXXX	....	das ErlebXXX	....

Alles klar?! **Nominalisierte (substantivierte) Wörter anderer Wortarten (z. B. Verben, Adjektive) werden großgeschrieben.**

Nominalisierungen sind erkennbar an Signalwörtern:

- **Artikel:** *das Ratschen, beim* (= *bei dem*) *Arbeiten*
- **Pronomen:** *sein Singen, welches Laufen, dieses Rot*
- **Adjektiv:** *lautes Singen, helles Grün*
- **unbestimmte Mengenangaben:** *nichts Schönes, etwas Besonderes*

Übung 2 **Nominalisiere die Verben, indem du *das, dieses, beim* und *sein häufiges* voranstellst. Beispiel: *jammern – das Jammern, dieses Jammern, sein häufiges Jammern***

jubeln ....

....

weinen ....

....

Lösungen Seite 123

Übung 3 **Nominalisiere die Adjektive, indem du *das, wenig, etwas, nichts* voranstellst.**

schön ....

dumm ....

Alles klar?! **Zwei Tipps zur Fehlervermeidung:**

- Setze im Zweifelsfall einen Artikel vor das Wort: *sein Singen* → *<u>das</u> Singen*; *ich mag Hässliches nicht* → *ich mag <u>das</u> Hässliche nicht*
- Ein Artikel vor einem Adjektiv bedeutet nicht automatisch, dass das Adjektiv nominalisiert ist: *Ich mag das <u>hässliche</u> Auto nicht.* (*hässliche* = Adjektiv) – *Ich mag Autos, die <u>schönen</u> und die <u>hässlichen</u>.* (Adjektive, die sich auf *Autos* zurückbeziehen)

Übung 4 **Schreibe den Text in richtiger Groß- und Kleinschreibung ab.**

Beim überfallen einer bank sollte man schon geschicklichkeit zeigen. Bereits das betreten der bank bereitete drei räubern in schottland probleme. Infolge des steckenbleibens in einer drehtür mussten bankmitarbeiter sie befreien. Die männer verließen etwas verwirrt das bankgebäude. Nach einigen minuten der entspannung drangen sie dieses mal erfolgreich zur kasse vor und forderten das herausgeben von 5000 pfund. Aber kein bediensteter nahm sie ernst. Der kassierer konnten sich kaum beruhigen vor lachen. Ein solches verhalten hatte natürlich etwas verunsicherndes für die räuber, die ihre forderung deshalb erst auf 500 pfund und dann sogar auf 50 pfund senkten. Jetzt brüllten alle mitarbeiter vor vergnügen. So viel missachtung war zum davonlaufen, aber die räuber wollten noch nicht aufgeben. Einer sprang mutig, aber ungeschickt über den schalter. Beim landen rutschte er aus, brach sich einige rippen und war zum aufstehen nicht mehr fähig. Dieses erneute missgeschick war zu viel. Die anderen beiden räuber suchten ihr heil in der flucht. Doch auch das davonlaufen misslang: In ihrer verwirrtheit stürmten sie in der falschen richtung durch die drehtür und blieben erneut stecken.

Lösungen Seite 123–124

Alles klar?! **Superlative nach *am* schreibt man klein.**

am besten: Präposition *am* und Superlativ (= höchste Steigerungsform) von *gut*.
Man fragt nach dem ganzen Ausdruck mit *Wie?*
Hier gefällt es mir am besten. Frage: *Wie* gefällt es mir hier?

Übung 5 **Schreibe die Sätze ab und ergänze sie mit einem der folgenden Superlativausdrücke:** ***am besten, am häufigsten, am liebsten, am meisten, am wenigsten***

a) Fußballspielen gefällt mir ....

b) Luft brauche ich ....

c) Mit Puppen spiele ich ....

d) Einen Krieg brauchen wir ....

Alles klar?! **Groß- und Kleinschreibung von Zeitangaben**

- Substantivische Zeitangaben schreibt man groß: *eines Morgens*, *am Morgen*, *gestern Morgen*, *die Frühe*
- Zeitangaben als Adverbiale schreibt man klein: *Ich komme morgen/ abends/ ziemlich früh*. *Zur nächtlichen Stunde spukt es*. Man erkennt sie meist an der Endung *-s* oder *-lich*.

Übung 6 **Entscheide über Groß- und Kleinschreibung.**

.....**estern** .....**bend** hatte ich eine Idee: Ich würde .....**orgen** ziemlich .....**rüh** beschließen, dass ich ab .....**bermorgen** alles anders machen würde. In der .....**rühe** würde ich nicht aufstehen, sondern erst am späten .....**achmittag**. Ich würde am .....**bend** frühstücken, zur .....**itternächtlichen** Stunde zu .....**ittag** essen, ...**achts** meine Freunde besuchen und am .....**rühen** .....**orgen** mein .....**bendessen** verdrücken. Bisher mag ich den .....**orgen** nicht, weil ich .....**orgens** immer zur Schule gehen muss, aber in Zukunft würde ich diese Tageszeit lieben. Nun gut, am zweiten .....**ittag** würde wahrscheinlich schon die Schule bei meinen Eltern anrufen und am dritten .....**orgen** würde ich wieder in die Schule gehen müssen.

Lösungen Seite 124

6.6 Schwierige Konsonanten

Alles klar?! **Grab oder Grap? Sarg oder Sark? Wand oder Want?**

Weiche Laute (*b, d, g*) werden hart ausgesprochen, wenn kein Vokal folgt. Hier darfst du nicht schreiben, wie du sprichst.

TIPP: Verlängere das Wort, sodass ein Vokal folgt: *Gräber, Särge, Wände*. Dann hörst du die richtige Schreibweise.

Übung 1 **Finde verlängerte Formen zu den folgenden Wörtern.**

Aufzug	....	getobt	....
tanzend	....	es verstaubt	....
Kalk	....	folgsam	....
Leid	leiden	Getränk	....
tragbar	....	Rat	....
gepumpt	....	Rad	....

Lösungen Seite 124

Abschlusstest

Aufgabe **Lass dir den Text diktieren. Satzzeichen sollen mitdiktiert werden.**

Verrückte Geschichten von verblödeten Gangstern

In Kanada überfielen zwei dusselige Männer eine Tankstelle weit draußen im Grünen. Nach der Tat fesselten sie den Tankwart und flohen mit der Beute. Allerdings verfuhren sie sich und fragten an einer Tankstelle nach dem Weg. Du ahnst, was passiert ist: Es war die Tankstelle, die sie vorher überfallen hatten. Der Tankwart, den andere Reisende inzwischen befreit hatten, musste sie nur noch der Polizei übergeben, die in diesem Augenblick eintraf.

Auch Erpressung kann misslingen. Ein älterer und sehr höflicher Herr wollte so seine mickrige Rente aufbessern. Er warf bei der Sparkasse einen Brief ein, in dem stand: „Wir bitten Sie, dass Sie 50 000 Euro hinter der Wurstbude neben dem Gebäude des hessischen Finanzamtes ablegen. Zahlen Sie freundlicherweise bis heute Nachmittag um 15 Uhr, sonst steht Ihr Haus, das doch wahrlich ein Prunkstück ist, in Flammen. Wir sind übrigens mehrere Leute.“ Statt des Geldes warteten freilich die Ordnungshüter und nahmen den Mann unverzüglich in Gewahrsam.

Um an der Rückseite eines teuren Schmuckgeschäftes einsteigen zu können, kletterte ein wagemutiger Einbrecher über die Krokodilhalle des Berliner Zoos, die mit einem Drahtgeflecht bedeckt ist. Zu seinem Unglück rutschte er plötzlich ab. Zwar landete er nicht zwischen den gefräßigen Tieren, aber von dem Baum, auf dem er hängen blieb, kam er auch nicht mehr herunter, weil unter ihm die Tiere mit weit aufgerissenem Maul voller Gier und Mordlust auf ein mitternächtliches Zusatzfressen warteten. Erst am nächsten Morgen wurde er von der Polizei gerettet und ins Gefängnis gesteckt.

Korrekturhinweis: Mehrere Fehler in einem Wort zählen als ein Fehler. Unleserliche Buchstaben zählen als Fehler. Wiederholungsfehler werden nicht mitgezählt.

Fehler: ☐

0–9:	Respekt – du bist schon erfreulich sicher in der Rechtschreibung.
10–18:	Du hast noch einige Schwächen. Wiederhole die Kapitel, bei denen du hier die meisten Fehler gemacht hast.
mehr als 18 Fehler:	Du musst leider noch viel üben. Vielleicht solltest du dir noch andere Rechtschreibtrainingsbücher des mentor-Verlags besorgen.

7 Zeichensetzung

In diesem Text fehlen alle Zeichen Zunächst magst du den Eindruck haben dass es gar nicht schwierig ist den Text zu lesen aber stelle dir einmal vor es ginge seitenweise so weiter Vor allem im Deutschen können wir furchtbar lange Sätze ohne Punkt und Komma bilden bis keiner mehr durchblickt Oder stelle dir eine wörtliche Rede ohne Anfang und Ende vor Eine Kostprobe Was soll ich nur machen seufzt der Detektiv Soll ich den Kerl erschießen der da vorne steht denkt sich gleichzeitig der Verbrecher Und so weiter und so fort Blickst du noch durch

7.1 Komma bei Aufzählungen, Einschüben, Anreden, Vergleichen

Alles klar?! **Komma bei Aufzählungen**

- Zwischen den Gliedern einer Aufzählung steht ein Komma.
- Ausnahme: Die Glieder sind durch *und, oder, sowie, bzw., sowohl – als auch, weder – noch, entweder – oder* verbunden.
  Es gibt schöne, interessante, blöde, langweilige Fächer.
  Er mag Deutsch, liebt Englisch und hasst Mathematik.

Übung 1 **Setze die fehlenden Kommas.**

Kennst du diese gefährliche dumme Falle der Prüfungsvorbereitung? Du trainierst zwar Aufgaben und machst Übungen und beherrschst sie auch. In der Klassenarbeit gerätst du aber entweder unter Zeitdruck oder wirst gar nicht fertig. Richtiges professionelles Üben bedeutet hingegen: Du trainierst sowohl das Lösen-Können der Aufgabe als auch die flotte Bearbeitung. Ein Tempo-Training in Mathematik geht so: Wenn du einen Aufgabentyp durch Nachdenken Überlegen Üben grundsätzlich lösen kannst, stoppst du die Zeit, die du für das richtige korrekte Lösen einer solchen Aufgabe brauchst. Dann versuchst du eine gleichartige Aufgabe zehn fünfzehn Sekunden schneller zu lösen. Keine größeren längeren Sprünge machen! Das würde dich nur unter ungesunden sowie angstfördernden Stress setzen. Diese clevere intelligente Form des Übens kostet übrigens nicht mehr Zeit. Du kannst sie nämlich ganz normal im Rahmen der täglichen unvermeidbaren und ohnehin anstehenden Hausaufgaben durchführen.

Lösungen Seite 124

Alles klar?! **Komma bei Anreden, Einschüben und Vergleichen**

- Anreden werden durch Komma abgetrennt: → *Helfen Sie mir, Herr Müller!*
- Einschübe, die ein vorangegangenes Nomen näher erläutern (Appositionen), werden durch Komma abgetrennt: → *In die Zeitfalle, das fehlende Tempotraining, tappen leider viele Schüler.*
- Bei Vergleichen kein Komma, wenn nur ein Satzteil folgt. Umfasst der Vergleich einen ganzen Nebensatz, steht ein Komma: → *Nick lernt lieber als Max. – Max lernt so gern wie Lisa. – Nick lernt lieber, als Max und Lisa das tun.*

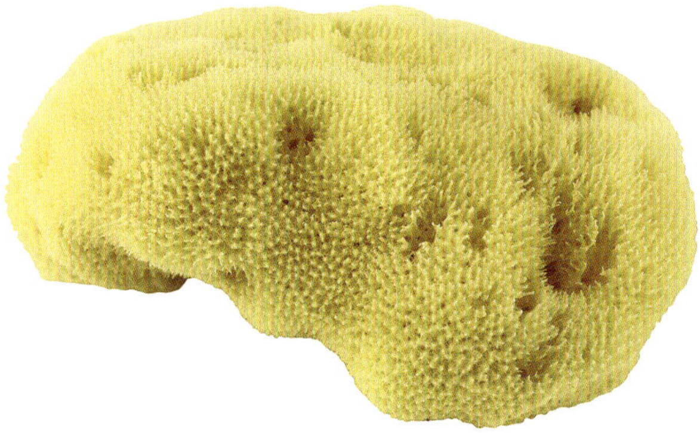

Übung 2 **Setze die fehlenden Kommas.**

„Gibt es noch eine Falle der Prüfungsvorbereitung Herr Müller?“, erkundigt sich Lukas. Der Lehrer ein geduldiger Mensch antwortet: „Kennst du die Zu-viel-auf-einmal-Falle Lukas?“ Lukas antwortet grinsend: „Nur vom Essen!“ „Beim Lernen kann man sich statt des Magens das Gehirn das wichtigste Lernorgan verderben“, erklärt Herr Müller. „Wenn man nämlich im Alter von 12, 13 Jahren mehr als eine Stunde lang dasselbe lernt, kann das Gehirn nichts mehr speichern Lukas. In dieser Hinsicht ist dein Gehirn wie ein Schwamm. Der Schwamm speichert einige Zeit hineinlaufendes Wasser. Die Poren des Schwamms sind bildlich wie die Zellen deines Gehirns. Wenn sie nichts mehr speichern können, läuft alles durch. Nur ist es beim Gehirn schlimmer als es beim Schwamm ist: Der anfangs gelernte Stoff wird durch zu langes Lernen mehr durcheinandergebracht als du dir vorstellen kannst. Lukas zehn Tage lang je eine halbe Stunde zu lernen bringt mehr als fünf Stunden auf einmal.“

Lösungen Seite 125

7.2 Komma zwischen Haupt- und Nebensätzen

Alles klar?! **Hier muss ein Komma stehen:**

- Zwischen Haupt- und Nebensatz steht ein Komma. → *Wenn man lernt, darf man in keine Lernfalle tappen. Lehrer, die bellen, beißen nicht.*
- Nebensätze werden durch Komma getrennt. Ausnahme: Sie sind durch *und, oder, bzw.* verbunden. → *Lerntechniken sind Tipps, die nur wirken, wenn man überhaupt lernen will.*
  Lerntechniken helfen, wenn man lernen will und sie regelmäßig anwendet.

TIPP: Achte auf das Komma am Ende eines Nebensatzes. Das wird oft vergessen!

Übung 1 **Setze die fehlenden Kommas.**

Vielleicht kennst du aus eigener Erfahrung die Angst die einen in Prüfungen packen kann. Es geht nicht um das Lampenfieber das dich vor der Prüfung zittern lässt. Entscheidend sind die Ängste die noch während der Prüfung bestehen. Hinter dieser Prüfungsangst steht eine Überzeugung welche manchem gar nicht richtig bewusst ist. Man meint dass man etwas nicht kann. Wer davon überzeugt ist versagt oft in Prüfungen.

Übung 2 **Setze die fehlenden Kommas.**

Wer unter Prüfungsangst leidet ist unkonzentriert da ein großer Teil seines „Arbeitsspeichers“ im Gehirn mit den Selbstzweifeln und der Angst vor möglichen Folgen besetzt ist. Dadurch kommt es dass er sich die Aufgaben gar nicht in Ruhe anschauen kann. Wer Aufgaben aber nur überfliegt übersieht wichtige Teile. Außerdem neigen Ängstliche dazu dass sie nur die schwierigen Teile einer Aufgabe sehen und deshalb schneller aufgeben. Selbst wenn sie eine Aufgabe beginnen wird (beispielsweise in Mathematik) die innere Rechenmaschine ständig von den Selbstzweifeln gestört. Falls nun die Aufgabe nicht läuft geben Ängstliche ebenfalls schneller auf. Manchmal beißen sie sich in ihrer Panik auch an der Aufgabe so sehr fest dass sie gar nicht aufhören können und dadurch erst recht nicht weiterkommen. Insgesamt ist es also kein Wunder dass ein Prüfungsängstlicher in Klassenarbeiten versagt. Die dann folgende schlechte Note bestätigt ihm nur dass er etwas nicht kann. Man nennt das einen Teufelskreis aus dem es schwierig ist zu entkommen.
Sobald du die Selbstzweifel bereits während der Zeit hast in der du dich auf eine Prüfung vorbereitest ist es besonders schlimm da du dann schon beim Lernen nur mit halber Kraft dabei bist.

 Lösungen Seite 125

7.3 Komma bei Infinitivgruppen

Alles klar?! **Komma bei Infinitivgruppen**

Eine Infinitivgruppe besteht aus einem Infinitiv mit *zu* und mindestens einem weiteren Wort. Sie muss mit Komma abgetrennt werden, wenn

- ein Wort auf sie verweist. → *Wir bemühen uns darum, Erfolg zu haben.* Es *macht Spaß, Erfolg zu haben.*
- sie von einem Nomen abhängt. → *Das Ziel, Erfolg zu haben, verfolge ich beharrlich. Ich habe den Plan, erfolgreich zu sein.*
- sie mit *um, ohne, als, (an)statt, außer* eingeleitet wird. → *Ich strenge mich an, **um** gute Noten zu bekommen. Ich kann nicht erfolgreich sein, **ohne** mich anzustrengen.*
- Ansonsten kann man die Infinitivgruppe mit Komma abtrennen, muss es aber nicht tun. → *Ich verspreche(,) täglich etwas zu üben.*

Übung 1 **Setze die fehlenden Kommas.**

Um das eigene Selbstbewusstsein zu stärken gibt es einige gute Mittel. Allerdings haben sie eines gemeinsam: Sie setzen voraus gut gelernt zu haben. Die Hoffnung sie anwenden zu können ohne dass man gelernt hat ist ein Irrtum. Ein Weg um das Selbstbewusstsein zu stärken besteht darin sich nicht nur als Schüler zu sehen. Nur auf die Prüfung zu starren verstärkt die Spannung. Konzentriere dich stattdessen einmal darauf deine guten Seiten außerhalb des Angstfaches zu sehen. Vielleicht stellst du fest: „Ich bin in der Lage gut zuzuhören.“ – „Ich beherrsche es den Ball ins Tor zu schießen.“ – „Zu mir kann man kommen um Hilfe zu erhalten.“
Du hast die Sorge in Selbstlob zu versinken? Die Gefahr besteht nur wenn du es tust um damit anzugeben. Die Aufgabe solche guten Seiten zu finden machst du aber nur für dich selbst. Ausschließlich auf deine schlechten Seiten zu schauen das gibt dir keine Kraft. Stattdessen läufst du Gefahr noch niedergeschlagener und damit noch prüfungsängstlicher zu werden.

Lösungen Seite 125

Abschlusstest (20 Minuten)

Aufgabe **Setze die fehlenden Satzzeichen.**

Es gibt noch einen guten Weg um den Kampf gegen bösartige heimtückische Prüfungsangstmonster zu führen. Man sollte zwei Wochen vor der Klassenarbeit genau aufschreiben wie viele Stunden man für die Arbeit geübt hat. Dabei notiert man die Zeiten für alles was mit diesem Fach zu tun hat man schreibt also auch Hausaufgaben und Zusatzübungen auf. Wenn man überlegt kommen so normalerweise viele Stunden zusammen. Tun wir einmal so als ob zehn Stunden gezählt wurden. Das ist eine beeindruckende Zahl die für viel Arbeit steht. Nun stellt man sich vor dass man die Zahl Zehn wie einen starken großen Schutzschild vor sich hält. Das Prüfungsangstmonster das einen niedermachen will kommt gegen eine solche Zahl nicht an. Hat man sich dagegen nur zwei oder drei Stunden vorbereitet wäre der Schutzschild natürlich sehr klein. Dann wäre klar dass man Angst hat da zwei oder drei Stunden als Vorbereitungszeit für eine Klassenarbeit zu wenig sind. Die dicke Zehn steht aber dafür dass man viel getan hat.

Hier folgt noch ein Tipp der dir helfen kann um den Kampf zu führen: Male ein Bild auf dem du das Prüfungsangstmonster so gestaltest wie du es dir vorstellst. Zeichne anschließend den Schutzschild auf dem die Zahl deiner Arbeitsstunden steht. Dieses zweite Blatt legst du über das erste sodass du richtig siehst wie die dicke fette Zahl das Monster zudeckt. Sobald du in die Prüfung gehst denkst du immer wieder an diese Monstervertreibung. Du wirst mit großer Wahrscheinlichkeit die Erfahrung machen weniger Angst als früher zu haben.

Fehler:

0 – 6:	Du beherrschst die Zeichensetzung schon gut. Weiter so!
7 – 12:	Du solltest schon noch etwas üben. Konzentriere dich auf die Hauptfehlerquellen und bearbeite die entsprechenden Übungen nochmals.
mehr als 12 Fehler:	Schade, aber die Zeichensetzung liegt dir nicht besonders. Arbeite die Übungen und Regeln erneut gründlich durch.

Lösungen Seite 126

Lösungen

1.1 Grundregeln des Erzählens

Übung 1 (Seite 6)

Was du darstellst, soll wahrscheinlich und glaubwürdig sein ... Nur in Fantasieerzählungen gelten andere Regeln. ... Achte deshalb darauf, dass alles nachvollziehbar ist. Stelle Zusammenhänge klar dar, zum Beispiel solche zwischen Ursache und Wirkung. ... Erzähle daher anschaulich und lebendig und schildere Gedanken und Gefühle der Figuren. Lebendig wirkt auch der Einsatz der direkten Rede. ... Aus demselben Grund musst du auch Spannungswörter gezielt und sparsam verwenden.

Übung 2 (Seite 7)

Gut gelungen: die Grundidee (keine unwahrscheinlichen und unglaubwürdigen Abenteuer, sondern normale, aber spannende Erlebnisse), der grundlegende Aufbau (spannendstes Ereignis am Ende des Hauptteils), der Einsatz der direkten Rede;
schlecht gelungen: viel zu kurz, weil kein Erzählschritt wirklich ausgebaut wurde; das stört vor allem am Höhepunkt, der nur aus drei Sätzen besteht; zu kurze, eher langweilige und vom Hauptteil nicht abgetrennte Einleitung; zu kurzer, nichtssagender und vom Hauptteil ebenfalls nicht abgetrennter Schluss; viele Wiederholungsfehler und Allerweltswörter (z.B. *sagen*)

Übung 3 (Seite 8)

Lösungsvorschlag mit Tipps:
Ganz aufgeregt rutschte ich auf dem Autositz hin und her. (Einstieg mit einer Gefühlsäußerung) Seit Tagen hatte ich gequengelt und meine Mutter immer wieder gefragt: „Wann fahren wir endlich zum Volksfest?“ (Klärung, worum es im Folgenden geht: ein Volksfesterlebnis) Dauernd hatte sie mich vertröstet, doch heute, an einem wunderschönen Sonntag, war es so weit. Wenn ich nur jetzt schon geahnt hätte, dass nicht alles auf einem Volksfest wunderbar ist. (Andeutung, die zum Weiterlesen anregt)

Übung 4 (Seite 8)

Lösungsvorschlag:
Auf der Hinfahrt blickte ich überhaupt nicht zum Fenster hinaus, sondern fieberte nur den Attraktionen auf dem Volksfest entgegen: „Bestimmt gibt es die coolsten Karussells und Riesenräder und Autoscooter und das TopSpinund Jumping und ‚Feuer und Eis‘. Ein Nachmittag reicht da doch gar nicht. Vielleicht finde ich ja sogar etwas, was ich noch nie gesehen habe. Womit soll ich nur anfangen?“ Meine Anspannung wurde immer größer und ich zappelte unruhig im Auto herum. Meine Mutter grinste bloß und schüttelte leise den Kopf. Sie verstand wohl meine riesige Freude nicht. Aber das war mir egal, Hauptsache, wir kamen endlich an. Nach einer halben Stunde war es so weit: Wir standen am Eingangstor und vor mir drängten sich unendlich viele Fahrgeschäfte, Attraktionen und Buden. Von überall her dröhnten Ansagen und Musik aus Lautsprechern, Lichter blinkten und ein Mischmasch von Gerüchen nach gegrilltem Fisch, Bratwürstchen und gerösteten Mandeln durchzog die Luft. Vor Begeisterung schrie ich nur laut „Juhu!“ und zerrte meine Mutter in das Gewühl hinein.
Kommentar: Natürlich musst du nicht alle diese Sinneseindrücke, Gefühle und Gedanken schildern. Aber du siehst, was möglich ist.

Übung 5 (Seite 8)

Lösungsvorschlag:
Da entdeckte ich einen TopSpin und wusste sofort: Das durfte ich mir nicht entgehen lassen! Mama war auch einverstanden, lehnte aber meine Einladung mitzufahren dankend ab: „Das ist was für junge Menschen! Ich würde das nie überleben.“ Gott sei Dank musste ich mich nicht lange anstellen und saß schnell in der breiten Gondel. Alle Leute um mich herum waren aufgedreht und blödelten herum,

aber manche blickten auch etwas ängstlich durch die Gegend. Endlich schlossen sich die Bügel, die uns gegen das Hinausfallen schützten, und die Fahrt ging los. Langsam drehte sich die Gondel nach oben und ich genoss den Ausblick über das Volksfest. Als wir ganz oben angelangt waren, hielten wir für einen Augenblick – und dann schoss die Gondel nach unten und machte dabei einen Überschlag. Ich kreischte vor Vergnügen und freute mich schon brennend auf den nächsten Ritt durch die Luft. Als das Vergnügen einige Minuten später vorüber war und ich das Fahrgeschäft verließ, spürte ich allerdings schon, dass diese Gondelreise für meinen Körper anstrengend war, denn meine Knie fühlten sich etwas weich an. Nun gut, ich konnte mich ja bei etwas Süßem erholen.
Kommentar: Baue diesen Abschnitt nicht zu stark aus, indem du beispielsweise die Gefühle genauer schilderst, während die Gondel hinauffährt. Es handelt sich hier noch nicht um den Höhepunkt des Aufsatzes. – Der letzte Satz leitet schon zum nächsten Erzählabschnitt über.

Übung 6 (Seite 8)

Der Zweck des Abschnittes ist es, die Spannung vor dem Höhepunkt etwas hinauszuzögern. Auch in Filmen erlebst du oft, dass kurz vor dem Höhepunkt weniger spannende Szenen eingebaut sind. Umso mehr freut man sich darauf, wie es weitergeht. Natürlich darf ein solcher Abschnitt nicht zu lange geraten und muss logisch zum nächsten Schritt (= Höhepunkt) hinführen.
Lösungsvorschlag:
Direkt neben dem TopSpin entdeckte ich einen Stand mit Süßigkeiten, wie es sie so lecker nur auf dem Volksfest gibt: gebrannte Mandeln, Zuckerwatte, Bruchschokolade, kandierte Früchte. Der Geruch war einfach wunderbar und ließ mich meine wackeligen Knie schnell vergessen. Schließlich zogen riesige rote Äpfel meinen Blick auf sich. Sie glänzten und schimmerten und schienen zu rufen: „Nimm mich!“ Das ließ ich mir nicht zweimal sagen. Während ich den Apfel genüsslich verzehrte, schlenderten wir dahin. Meine Mutter entdeckte frühere Arbeitskollegen, die sie schon lange nicht mehr getroffen hatte, und sie begannen zu ratschen und zu schwätzen – es war für mich nur langweilig. Ich ließ meinen Blick schweifen und entdeckte prompt eine Attraktion, auf die ich mich am meisten gefreut hatte: eine riesige Achterbahn namens ‚Fünf Olympische Ringe'.

Übung 7 (Seite 8)

Lösungsvorschlag:
„Da will ich hin!“, rief ich begeistert und so laut, dass die Erwachsenen ganz erstaunt ihr Gespräch unterbrachen. „Sieht aber sehr gefährlich aus“, wandte meine Mutter ein und blickte voller Zweifel auf die riesigen Ringe, auf denen die Wagen dahinrasten. So musste ich noch eine Zeit lang auf sie einreden, bis sie endlich nachgab: „Na gut, dann flitze mal los! Ich warte hier auf dich.“ Sofort rannte ich vergnügt zur Kasse, doch als ich bezahlt hatte und am Eingang wartete, beschlich mich beim Anblick der riesig hohen Anlage schon ein mulmiges Gefühl in der Magengegend. Sollte ich mir das wirklich antun? Würde ich es heil überstehen? Da gab ich mir einen inneren Ruck und entschied: „Nichts da, du Feigling! Hier kann überhaupt nichts passieren.“ Ich atmete tief durch und setzte mich in den Wagen. „Mensch, geht das Ding ab!“, schoss es mir durch den Kopf, als der Wagen losstartete. Mit atemberaubender Geschwindigkeit raste er nach oben und nach unten, kurvte nach links und nach rechts – ich wusste bald nicht mehr, wo ich mich befand. Schon nach dem zweiten Ring war mir das alles zu viel, und ich schimpfte mich, dass ich nicht aus dem Erlebnis auf dem TopSpin gelernt hatte. Schließlich hatte ich vier der fünf Ringe hinter mir, was mich ja hätte trösten können, doch stattdessen bibberte ich nur mehr vor dem letzten Ring. Wieder zog der Wagen nach oben. Wie gern wäre ich jetzt einfach ausgestiegen. „Haltet doch an, stopp, aufhören!“, schrie ich innerlich, aber nichts da, unbarmherzig zischte das Ungeheuer, auf dem ich saß, zum Gipfelpunkt des Rings. Kopfüber saß ich da und starrte voll Entsetzen auf die abwärtsgerichtete Bahn. Eine innere Stimme befahl mir panisch: „Schrei, schrei, dann geht es dir besser!“, aber vor lauter Furcht brachte ich keinen Ton heraus. Mit schweißnassen Händen umklammerte ich den Bügel vor mir, während wir in atemberaubender Geschwindigkeit nach unten stürzten. Es dauerte sicher nur Sekunden, doch es kam mir vor wie Minuten. Todesangst kroch in jeden Winkel meines Körpers, ich stierte vor mich hin, hatte keinen Blick mehr für das Farbengewirr und die vielen Fahrgeschäfte, auf die ich mich so gefreut hatte. Wir durchschnitten die Luft, und die Musik des Volkfests nahm ich nur noch als ein dumpfes Dröhnen wahr. Endlich, endlich hatte der Schrecken ein Ende. Wir fuhren ebenerdig und eine Frauenstimme säuselte aus einem Lautsprecher:

„Die Fahrt ist nun zu Ende. Wir hoffen, es hat Spaß gemacht." Bei dem ersten Satz hätte ich vor Erleichterung beinahe geheult. Wie schön waren diese Worte! Aber das mit dem Spaß, das hätte sich die Dame sparen können. Während ich mit schlotternden Knien aus dem Wagen stieg, merkte ich, dass es wohl auch ein paar anderen Fahrgästen so wie mir ergangen war. Mühsam torkelte ich zu meiner Mutter. Ich zitterte am ganzen Körper. Eigentlich hätte ich erwartet, dass sie mich schimpft, aber bei meinem Anblick war sie nur mehr voller Sorge. Sie umarmte und stützte mich. Es half allerdings nicht gegen die Übelkeit, die in mir hochstieg, und wir schafften es gerade noch an den Rand des Weges, bevor ich mich übergeben musste. Damit war mir der Spaß endgültig vergangen und ich bat Mama nur noch: „Ich will nach Hause."

Übung 8 (Seite 9)

a) Ausblick – b) abschließende Meinungsäußerung – c) (nachdenkliche) Frage – d) Überraschung

1.2 Spannend erzählen

Übung 1 (Seite 10)

a) Plötzlich gibt ein Ast nach; oder dir wird die Höhe bewusst und du bekommst Höhenangst.
b) Du merkst, dass der Weg doch anders ausschaut und du dich vorher geirrt hast.
c) Du zählst die Punkte nach und stellst fest, dass sich der Lehrer zu deinen Ungunsten erheblich verzählt hat. Oder: Die Arbeit fällt insgesamt so schlecht aus, dass der Lehrer sie für ungültig erklärt. Oder: Der Lehrer schimpft dich nicht, sondern bietet dir eine konkrete Hilfe an. Oder: Ein Mitschüler bietet dir Hilfe an und du schöpfst Hoffnung.

Übung 2 (Seite 10)

a) „Katastrophenvorstellungen" eignen sich für Angstsituationen besonders gut, solange sie nicht allzu übertrieben sind. Beispiele hier: Du stellst dir vor, wie sich dich verprügeln und dass sie dir etwas brechen oder du sogar bewusstlos geschlagen wirst, so dass du lange im Krankenhaus sein musst, und das kurz vor den Sommerferien …
b) Du beschreibst ausführlich, was du mit diesem Geschenk alles anstellen kannst und wieso es so wichtig für dich ist.
c) Du beschreibst, was du dem Freund voller Wut sagen wirst (aber keine unanständigen Schimpfwörter verwenden, das mögen Lehrer nicht!) und dass du ihm die Freundschaft kündigst. Vielleicht fällt dir auch ein, worüber du dich schon früher bei deinem Freund geärgert hast.

Übung 3 (Seite 10)

Bei beiden Beispielen besteht die Gefahr, dass du völlig übertreibst. Beispiele dafür:
a) Das Feuer wird immer gewaltiger, es schließt dich ganz ein, deine Kleidung gerät in Flammen – realistisch betrachtet hast du jetzt keine Chance mehr und könntest natürlich auch die Geschichte gar nicht mehr erzählen, weil du tot wärest.
b) Du entwickelst dich zum Super-Kämpfer im Stil von James Bond oder zu Karate-Meistern – das ist natürlich völlig unwahrscheinlich. Bei normalen Erzählungen (Ausnahme: Fantasiegeschichten) sollen die Figuren ja nur Dinge tun können, die in ihrem Alter wahrscheinlich sind.

Übung 4 (Seite 10)

Du beschreibst, wie du vorsichtig einen Schritt nach oben setzt, immer darauf achtend, ja nicht wieder ins Rutschen zu geraten. Beim nächsten Schritt setzt du den Fuß vorsichtig auf, merkst aber, wie das Geröll darunter nachgibt. Vorsichtig ziehst du den Fuß zurück und probierst es an einer anderen Stelle. Wieder vergeblich! Du gerätst ins Schwitzen. Beim nächsten Mal klappt es. Du atmest tief durch, machst den nächsten Schritt. Natürlich kannst du das nicht über eine ganze Seite beschreiben, sonst wäre es langweilig. Am besten beschleunigst du das Erzähltempo dann, indem du z. B. schreibst: Noch neun Meter – acht Meter – sieben Meter. Langsam wächst die Hoffnung in mir. Noch sechs Meter – fünf Meter. Doch plötzlich trete ich wieder auf einen wackeligen Stein ...

1.3 Lebendig erzählen

Übung 1 (Seite 11)

Freude: vor Glück/Freude strahlen/schreien/herumhüpfen, übers ganze Gesicht grinsen, Arme in die Luft reißen, in die Hände klatschen, in die Luft springen, die ganze Welt umarmen wollen, einen Freudentanz aufführen, im siebten Himmel schweben, einen Lachkrampf bekommen, ganz aus dem Häuschen sein, Freudentränen weinen, sich schieflachen (zusammenschreiben!); gackern, grinsen, jauchzen, kichern, lächeln, losbrüllen, losprusten, schmunzeln, strahlen, wiehern, jubeln

Übung 2 (Seite 11)

Trauer: tränengefüllte Augen, verheultes Gesicht, Tränen kullern über die Backen/Wangen, rote Augen, Mundwinkel nach unten ziehen, die Schultern hängen lassen, ganz geknickt dastehen, auf den Boden starren, ins Leere starren oder stieren, die Lippen zusammenpressen, Schmerz zerreißt einem das Herz, alles für sinnlos halten, sich ganz schwach und elend fühlen/vorkommen, vor Trauer wie gelähmt sein; unglücklich, bedrückt, bekümmert, betrübt, deprimiert, entmutigt, enttäuscht, niedergeschlagen, trübselig, untröstlich, verzweifelt, bestürzt, verstört, entgeistert, starr, fassungslos

Übung 3 (Seite 11)

Wut: Zähne zusammenbeißen, Lippen zusammenpressen, Fäuste ballen, mit den Fäusten drohen, Mund zu einer Grimasse verziehen, Augen zusammenkneifen, mit den Augen rollen, giftige Blicke werfen, finster blicken, die Stirn runzeln, die Haare raufen, ein saures Gesicht ziehen; explodieren, in die Luft gehen, die Kontrolle verlieren, aggressiv werden, empört sein, rotsehen, aus der Haut fahren (wollen), sich entrüsten, fuchsteufelswild werden, die Wände hochgehen, vor Wut kochen/platzen/schäumen/zittern, rasen, mürrisch sein, vor Wut etwas zerfetzen/in die Ecke feuern

Übung 4 (Seite 11)

leichte Angst: ein ungutes Gefühl bekommen, sich fürchten, wie angewurzelt stehen bleiben
mittlere Angst: zittern, Schweiß tritt auf die Stirn, vor Angst weiten sich die Augen, Schweiß perlt mir von der Stirn, es läuft mir kalt über den Rücken, einen Kloß im Hals spüren, etwas schnürt mir die Kehle zu, der Schreck sitzt mir in den Gliedern
starke Angst: schaudern, sich gruseln, die Knie schlottern mir, das Herz schlägt bis zum Hals, Zähne klappern, vor Angst wie gelähmt sein, am ganzen Körper zittern/schlottern, die Haare stehen mir zu Berge, mich durchzuckt ein Blitz, ich will mich in ein Mauseloch verkriechen

Übung 5 (Seite 12)

a) pechschwarz, schneeweiß; b) zuckersüß, giftgrün; c) messerscharf, klatschnass; d) faustdick, todmüde; e) blitzschnell, sündteuer; f) stinksauer, steinhart; g) brandneu, eiskalt, blutrot

Übung 6 (Seite 12)

a) Löwe, b) Fisch, c) Rohrspatz, d) Wiesel, Schnecke, Luchs, e) Reh, f) Fuchs, g) Kröte

Übung 7 (Seite 13)

Ich habe ein Brett vor dem Kopf, was die Hausaufgaben betrifft. Zurzeit bin ich da mit meinem Latein am Ende. Ich sitze auf glühenden Kohlen. Plötzlich kommt mein Bruder und fällt mit der Tür ins Haus: „Kann ich an deinem Computer spielen?“ Dabei weiß der Kerl, dass ich das hasse wie die Pest. „Das ist mein Computer. Schreib dir das hinter die Ohren! Sonst steige ich dir aufs Dach“, schimpfe ich ihn. Er spielt die beleidigte Leberwurst, macht sich aber aus dem Staub mit den Worten: „Mache nicht aus der Mücke einen Elefanten!“ Da geht mir ein Licht auf. Mir fällt ein Stein vom Herzen. Endlich ist Feierabend!

Übung 8 (Seite 13)

1 h, 2 d, 3 a, 4 g, 5 c, 6 b, 7 e, 8 f

1.4 Einen Erzählkern ausgestalten

Übung 1 (Seite 14)

Lösungsvorschlag:

Einleitung	langweiliger Nachmittag, Idee von Freund Peter: Schlitten fahren
1. Erzählschritt	anstrengender Aufstieg auf einen Hügel, trotzdem lustig; Wettkampf, wer als Erster oben ist, Freund siegt
2. Erzählschritt	Abfahrt: riesige Freude und Begeisterung, Ich-Erzähler kommt dieses Mal als Erster an
3. Erzählschritt	unter ihm knackst etwas, er bricht durch das Eis, Panik, Peter läuft davon, um Hilfe zu holen; Warten auf die Retter, Verzweiflung, Angst
Höhepunkt	Retter kommen, schwierige Rettungsaktion – große Panik, schließlich Rettung und Erleichterung
Schluss	Vorsatz: nie wieder in unbekanntem Gelände herumdüsen, mehr Vorsicht

Übung 2 (Seite 14)

Lösungsvorschlag:
Gedanken an die Familie, an schöne Tage und ob diese ab jetzt für immer vorbei sind; Gedanken, was alles passieren könnte (Panik steigert sich)

Übung 3 (Seite 14)

Lösungsvorschlag:
z. B. bricht das Eis an dem Rand, an dem sich der Ich-Erzähler festhält, noch ein Stückchen ab; weniger günstig: Auch der Retter bricht ein, denn dann wäre es wahrscheinlicher, dass beide ertrinken.

Übung 4 (Seite 14)

Lösungsvorschlag:
Vorbemerkung: Folgende Stellen sind farbig markiert: Gefühle grün, Gedanken rot, direkte Reden blau. Vergleiche sind unterstrichen.So kannst du eine Erzählung lebendig ausgestalten. Manchmal enthält natürlich auch eine direkte Rede ein Gefühl oder einen Gedanken.

„Mir ist so langweilig“, brummte ich vor mich hin und merkte, dass es Peter nicht anders erging. Wir waren mit unseren Familien hierher in die Berge in den Winterurlaub gefahren, aber heute waren die Skigebiete alle wegen Nebels geschlossen. Peter meinte auch: „Ich will hier nicht vergammeln. Aber halt – ich habe eine Idee! Wir könnten doch auf den Hügeln hinter dem Hotel Schlitten fahren.“ Freudig stimmte ich zu, wir holten uns noch die Erlaubnis der Eltern, liehen uns Schlitten aus und schon düsten wir davon. Wenn wir uns doch nur vorher besser über die Gegend erkundigt hätten!
Mühsam stapften wir durch den knirschenden Schnee. Der Hang hinter dem Hotel war steil, aber das hielt uns nicht ab, im Gegenteil, wir waren heilfroh, uns endlich bewegen zu können. So störte es keinen, dass uns der Schweiß schon bald von der Stirne tropfte. „Noch ein paar Minuten, dann haben wir es geschafft!“, rief ich Peter zu. „Ich bin sicher Erster!“ Peter antwortete keuchend und lachend zugleich: „Das werden wir ja sehen.“ Jeder strengte sich an, aber ich sollte leider Unrecht behalten: Peter siegte, wenn auch nur um ein paar Sekunden. Oben schnauften wir erst einmal durch. „Mann, ist mir heiß“, murmelte ich vor mich hin, und Peter, der sich auf dem Schlitten abstützte, stimmte zu. „Aber jetzt“, rief er selbstbewusst, „keine Müdigkeit vorschützen! Der Wettkampf geht weiter. Ich werde dich bei der Abfahrt wieder besiegen.“ „Niemals!“, schrie ich zurück, drehte den Schlitten in die richtige Richtung, hüpfte darauf und düste los. Mit einem solchen Schnellstart hatte Peter nicht gerechnet! Wir kreischten und jubelten, während wir die schneebedeckte Wiese hinunterrasten. Der Schnee war optimal, wir flitzten dahin wie Surfer auf der Superwelle. Doch ehe ich mich versah, überholte mich Peter. Das ließ ich mir natürlich nicht gefallen und legte noch einen Zahn zu. Es war ein dramatisches Kopf-an-Kopf-Rennen, wir schenkten uns keinen Zentimeter. Aber endlich konnte ich ihn abhängen und immer mehr Vorsprung gewinnen. Und so sollte ich mit meiner Vorhersage richtigliegen: Ich kam als Erster unten an und ließ den Schlitten auf der weiten Fläche vor mir auslaufen, während ich triumphierend nach hinten blickte, um Peters Verlierergesicht zu sehen. Er schien sich auch richtig zu ärgern, denn er presste seine Lippen zusammen und schaute mich ganz mürrisch an. Plötzlich merkte ich, dass unter mir etwas anders war. Im selben Moment, als ich entdeckte, dass ich nicht mehr auf festem Boden rutschte, sondern auf einem verschneiten, zugefrorenen See, schrie Peter auch schon: „Vorsicht, das ist gefährlich!“ Aber die Warnung kam zu spät und es gab kein Entrinnen mehr. Das Eis knirschte, krachte, der Boden unter mir gab nach – und ich brach ein. Alles war so schnell gegangen, dass ich gar nicht zum Nachdenken gekommen war. Eiskaltes Wasser umspülte meinen Körper, der Schlitten versank und ich konnte mich nur noch mit letzter Kraft am Rand des brüchigen Eises festhalten. Panik durchflutete meinen ganzen Körper, so schlimm, dass ich nicht einmal schreien konnte. Ich riss meine Augen auf und stierte nur noch hilfesuchend zu Peter. Der verstand sofort die Lage und rief: „Halt durch, ich hole Hilfe!“ Mit unglaublicher Geschwindigkeit raste er den großen Hügel hinauf. Aber würde er es schaffen? Würde er schneller sein als der Tod, der schon nach mir griff? Vor Kälte konnte ich meine Beine kaum mehr spüren, und mit Entsetzen bemerkte ich, dass meine Kräfte nachließen. Wann kam Peter endlich mit den Rettern zurück? Ich würde das nicht mehr lange aushalten. Tränen kullerten über meine Backen, ich war am Verzweifeln. Tausend Dinge fielen mir ein: das letzte schöne Weihnachtsfest, die Skifahrten mit meinem Vater, die leckeren Plätzchen, die meine Mutter gebacken hatte, Oma, Opa, meine Schwester – sollte ich sie alle nicht mehr sehen? Die Minuten verrannen so langsam, und meine Kräfte schwanden immer mehr. Da entdeckte ich oben auf dem Hügelrand Peter und einige Männer. Sie rasten herab wie eine Lawine, und ganz langsam spürte ich, wie in meinem Herzen wieder die Hoffnung aufkeimte. Ein großer, kräftiger Mann blickte mir vom Ufer her in die Augen und beruhigte mich: „Du bist stark, mein Junge, du schaffst das. Atme nur immer gleichmäßig und ruhig, ein und aus, ein und aus. Gleich sind wir bei dir.“ Er hatte eine Leiter dabei und schob sie vorsichtig aufs Eis. Unentwegt blickte er mir und ich ihm in die Augen, es war wie Hypnose. Ja, ja, er würde mich retten. Vorsichtig schob er sich auf der Leiter in meine Richtung. Doch was war das? Es knackste und krachte schon wieder. Ich merkte, wie der Rand, an dem ich mich festhielt, abbröckelte. Mit letzter Kraftanstrengung fasste ich ein Stück weiter und krallte mich fest. „Gut gemacht, Junge“, murmelte der Mann, „wir schaffen das.“ Und er sagte es so überzeugend, dass ich wirklich immer ruhiger wurde. Meter um Meter schob er sich voran. Nun kam der riskanteste Moment: Würde das Eis halten, wenn er mich zu sich hinaufzog? „Bitte lieber Gott“, betete ich, „bitte hilf mir!“ Und wirklich, es gelang: Mit festem Griff packte der Mann meine Hände, zog mich nach oben und rutschte unendlich langsam und vorsichtig zurück ans Ufer. Ich war gerettet! Mein Glück war unbeschreiblich. Vor lauter Erleichterung bekam ich einen Lachkrampf, konnte nicht mehr aufhören, heulte und jubelte zugleich. Peter hatte mich umarmt – wie war ich ihm dankbar! „Du bist Sieger“, flüsterte ich ihm ins Ohr, aber er meinte nur: „Wir haben beide gewonnen!“
Mit starken Unterkühlungen kam ich ins Krankenhaus, aber das war bald vorbei. Meine Eltern schimpften Gott sei Dank nicht mit mir, auch sie waren nur froh, dass ich mit dem Leben davongekommen war. Eines freilich schwor ich mir: Nie wieder würde ich in einem unbekannten Gelände einfach drauflosfahren. Besser einen Wettkampf verlieren!

1.5 Ein Märchen erfinden (Schreiben nach Vorbildern)

Übung 1 (Seite 15)

a) **typische Figuren:** Zauberreich: Zwerge, Feen, Riesen, Zauberer, Hexen, Elfen; Königshof: König/in, Königstochter/Prinzessin, Königssohn/Prinz; einfache Menschen: Bauer, Wirt, Schneider usw.
b) **typische Orte:** großer, dunkler Wald, Moor, Dorf, Stadt, Land, Gebirge – oft ohne Namen
c) **magische Gegenstände:** Zauberschwert, Wundertisch, Goldesel usw.; **kostbare Dinge:** Gold, Edelsteine, Seide (selten Geld!)

Übung 2 (Seite 15)

… schwere Aufgaben lösen oder Prüfungen bestehen … in ihrer Schwierigkeit … Die Guten siegen …, die Bösen verlieren und … Zauberreich helfen oder schaden … warten verzauberte Gegenstände … auf Erlösung oder … auf Rettung … selten weh …

(Seite 16–17)

Lösungsvorschlag:

Einleitung	gieriger König, beutet arme Menschen mit Steuern aus, sperrt sie ein
1. Erzählschritt	Schreiner kann Steuern nicht zahlen, König nimmt Familie als Pfand, Androhung von ewiger Sklaverei; Schreiner will alte Eiche fällen, diese wünscht, dass er aus ihrem Holz eine Pfeife schnitzt, die andere Eichen lebendig macht und dazu bringt, dem Schreiner zu helfen; Schreiner beschließt, König zu stürzen
2. Erzählschritt	Eichen helfen dem Schreiner, einen Sumpf zu überqueren.
3. Erzählschritt	Eichen helfen dem Schreiner, Räuber zu besiegen.
Höhepunkt	Eichen helfen dem Schreiner, den König zu stürzen und zu töten.
Schluss	Schreiner rettet Familie, wird zum König gekrönt, bringt dem Land Frieden und Wohlstand.

Übung 4 (Seite 17)

typische Figuren: König, Soldaten, Schreiner, sprechende Pflanzen, Volk
Eigenschaften: böser König – guter Schreiner, gute Eiche
magischer Gegenstand: Flöte; magische Zahlen (3: drei Monate; 7: sieben Tage, sieben Wochen);
Ort: ein Königreich, großer, dunkler Wald, ein Sumpf, Hauptstadt, Burg Rabenstein (typischer Name für Burgen in Märchen)
Inhalt: Schreiner muss schwere Aufgaben lösen, leidende Familie retten, Eichen helfen ihm, bösen König zu stürzen, guter Schreiner siegt und wird belohnt (wird König), böser König stirbt und wird so bestraft **Aufbau:** drei schwierige Aufgaben

Übung 5 (Seite 18)

1 a, 2 f, 3 b, 4 g, 5 c, 6 h, 7 d, 8 i, 9 e, 10 j

Übung 6 (Seite 18)

1 a, 2 f, 3 b, 4 g, 5 c, 6 h, 7 d, 8 i, 9 e, 10 j

Übung 7 (Seite 19)

Eine Maid begab sich zum Markt. Sie war außer sich vor Freude über die hübschen Jünglinge dort und betrachtete sie sorgsam. Da kam eine Greisin. Sie war von schlechter Gesinnung und schimpfte: „In alten Zeiten (vor langer Zeit/einst) gab es das nicht. Aber komm in meine Kate! Dort habe ich ein Kämmerlein für dich. Ich werde dir eine Freude bereiten. Alle werden vor Neid erblassen." Die junge Frau folgte ihr mit vergnügtem Herzen. Doch in dem Haus wartete ein Gnom. „Den sollst du im Morgengrauen (bei Tagesanbruch) zum Manne nehmen. Er ist dein künftiger Gemahl." Das Mädchen schluchzte und schrie: „Steht mir denn niemand bei? Ich will aus diesem Kerker (Verlies) heraus und in das Gemach eines Schlosses!" Da lief der Gnom geschwind zu ihr, küsste sie und verwandelte sich in einen Prinzen. Die Alte kreischte über die Maßen und machte sich auf der Stelle fort. Und der Prinz sprach: „Jetzt richten wir das Hochzeitsfest aus." Und wenn sie…

Übung 8 (Seite 19)

Lösungsvorschlag:

Einleitung	böse Prinzessin auf Königsschloss, neidisch auf Schönheit ihrer Dienerin, wirft ihr fälschlicherweise Diebstahl vor, entlässt sie ohne einen Heller Lohn
1. Erzählschritt	Dienerin wandert einsam durch dunklen Wald, große Angst; sprechendes Reh sagt ihr, sie solle zum hohen Berg gehen; wenn sie es schafft, den Berg zu besteigen, wird ihr geholfen; bekommt als Hilfe eine weiße Blume
2. Erzählschritt	Dienerin kommt zum Berg, dort Angriff durch einen Bären; hält ihm in ihrer Not weiße Blume entgegen, Bär verschwindet
3. Erzählschritt	Dienerin kämpft sich den steilen Berg hinauf, große Kälte, Eis; kommt nicht mehr weiter; legt Blume auf das Eis, das daraufhin verschwindet, Dienerin kann weitergehen
Höhepunkt	Dienerin ist auf dem Gipfel, furchtbarer Sturm, grässlich lachende Hexen auf Besen, Todesangst; Dienerin hält ihnen weiße Blume entgegen, alles wird ruhig, Hexen werden zu Feen, schenken ihr Gold und Edelsteine
Schluss	Dienerin kehrt reich zurück, findet liebenden Ehemann, alle glücklich

2.1 Grundregeln des Berichts

Übung 3 (Seite 22)

Beispiel für den Bericht über eine Geburtstagsparty.
Am 17.7.2008 feierte ich in meinem Elternhaus in Landau mit fünf Freunden meinen 12. Geburtstag.

Pünktlich um 18 Uhr erschienen Tim Metzger, Dominik Berg, Yanick Köhler, Philipp Böhm und Fabian Bartl. Die Feier begann mit einem Hamburger-Essen, das meine Eltern vorbereitet hatten und servierten. Um 18.30 Uhr überreichten mir meine Freunde ein gemeinsam gekauftes Geschenk: eine DVD-Sammlung mit den Star-Wars-Filmen. Anschließend bauten wir im Garten zwei Dreimannzelte auf, in denen wir übernachten wollten. Weil aber um 20 Uhr ein starkes Gewitter aufzog, durften wir nicht in den Zelten bleiben, sondern mussten im Wohnzimmer weiterfeiern. Wir spielten zwei Stunden lang Poker und sahen uns im Anschluss die Star-Wars-Episode 1 an. Um Mitternacht bezogen wir mit Getränken und Knabberzeug die Zelte und unterhielten uns noch bis etwa 3 Uhr, bevor wir schliefen.

Da wir so spät einschliefen, wachten wir am nächsten Tag erst gegen 10 Uhr vormittags auf. Wir brauchten über eine halbe Stunde, bis wir die in den Zelten herrschende Unordnung und die Verschmutzung wegen heruntergefallener Chips wieder beseitigen konnten.

Anmerkungen:
- Die Namen der Freunde könntest du auch schon in der Einleitung erwähnen. Sollten es aber viele sein, ist es besser, sie am Anfang des Hauptteils zu nennen, damit die Einleitung übersichtlich bleibt.
- Am Ende des Hauptteils könntest du natürlich kurz berichten, dass die Party allen viel Spaß gemacht hat. Du darfst das aber nicht erzählerisch ausgestalten, sondern musst es nüchtern darstellen, z.B. eben so: Die Party machte allen viel Spaß.

2.2 Bericht über einen Raubüberfall

Übung 1 (Seite 23)

a) Was geschah? Überfall; b) Wer war beteiligt? Isolde Weisath, Täter; c) Wo geschah der Vorfall? Rankhausen, Junoldstraße vor Reisebüro Schätzlein; d) Wann geschah er? Samstag, 14.4., 6.55 Uhr; e) Wie geschah er? Auto kam, hielt, Täter sprang heraus, lief zu Opfer, bedrohte es mit Jagdgewehr, Opfer fiel in Ohnmacht; f) Warum geschah er? keine Angabe im Text; g) Welche Folgen ergaben sich? Krankenhausaufenthalt, Platzwunde am Hinterkopf – geraubte Gegenstände: dunkelrote Kalbsledertasche (Wert: 600 Euro), Geldbörse mit ca. 25 Euro, Reisepass, Bankkarte

Übung 2 (Seite 23–24)

Erwähnt werden nur die Punkte, die im Vergleich zu Übung 1 neu hinzukommen:
b) Wer war beteiligt? Täter: dunkelbraune Haare, hellbraune Jeans, weiß-grün-kariertes Hemd, hellbraune Sandalen, stämmige Figur, 1,85 m groß, Bart, randlose Brille, Alter ca. 50, hessischer Dialekt; Auto: grüner Mercedes 200 ohne Autokennzeichen und Fahrgestellnummer; e) Wie geschah er? Auto kam von Innenstadt, …, Auto ließ sich nicht mehr starten, deshalb flüchtete Täter zu Fuß auf Junoldstraße Richtung Wallischplatz, bog in Rißweg ab

Übung 3 (Seite 24)

Verbesserungsvorschlag: Am Samstag, dem 14. April, wurde eine Frau um 6.55 Uhr in der Junoldstraße in Rankhausen Opfer eines Raubüberfalls.
Anmerkungen: Die Angabe der Straße genügt nicht, man muss auch den Ort erfahren. Dass sich der Täter dumm verhalten hat, ist zwar richtig, diese Wertung gehört aber nicht in den Bericht. Man könnte in der Einleitung auch die Zeugen erwähnen, aber notwendig ist es nicht. Wenn du es tust, formuliere etwa so: Zeugen waren Heike Ettelt und Wolf Scherer.

Übung 4 (Seite 24)

a) **falsche Angaben:** Isolde Weisath ist erst 64, nicht 65 Jahre alt. (Sie wird erst in einem Monat 65!) Der Täter bedrohte das Opfer nicht mit einer Pistole, sondern mit einem Jagdgewehr. Er flüchtete Richtung Wallischplatz, bog aber in den Rißweg ein. Die Polizisten benachrichtigten einen Krankenwagen, der das Opfer ins Krankenhaus brachte, sie taten es nicht selbst.
b) **fehlende Angaben:** Vor welchem Haus stand I. Weisath? Woher kam der Täter gefahren? Warum flüchtete er zu Fuß? Wann erwachte I. Weisath aus der Ohnmacht?
c) **überflüssige Angaben:** Besuch der Enkelin
d) **unsachliche/umgangssprachliche Formulierungen:** Typ (besser: der Mann, der Täter), Karre (besser: das Auto, der Wagen), fuchtelte … herum (besser: bedrohte), Kohle (besser: Geld), umgehauen hatte (besser: in Ohnmacht gefallen war), klaute (siehe Hinweis unten), Typ, leider (unzulässige Wertung)

Hinweis: Der Ausdruck „klauen" ist nicht nur umgangssprachlich, sondern auch sachlich falsch. „Klauen" bedeutet stehlen, hier aber raubte der Täter etwas. Bei einem Raub wird das Opfer offen angegriffen und Gewalt angedroht oder ausgeübt, während ein Diebstahl heimlich und ohne Gewalt geschieht.

Übung 5 (Seite 24)

Isolde Weisath (64) stand vor dem Reisebüro Schätzlein, als plötzlich ein Wagen, der aus der Innenstadt kam, vor ihr hielt. Ein Mann sprang aus dem Auto, bedrohte Isolde Weisath mit einem Jagdgewehr und verlangte von ihr Geld. Nachdem sie vor Schreck in Ohnmacht gefallen war, entriss ihr der Täter die Handtasche. Weil sein Auto nicht mehr ansprang, flüchtete er zu Fuß auf der Junoldstraße in Richtung Wallischplatz und bog in den Rißweg ein. Er wurde nicht gefasst, obwohl die Polizei schnell eintraf. Die Beamten ließen einen Krankenwagen kommen, der die inzwischen wieder erwachte Isolde Weisath ins Krankenhaus transportierte.

Übung 6 (Seite 25)

a) **fehlende Angaben:** Wo befand sich die Platzwunde? Farbe der Tasche? Wie viel Geld enthielt die Geldbörse? Tasche enthielt auch Bankkarte (wichtig zu erwähnen, weil damit großer Schaden angerichtet werden kann)
b) **falsche Angaben:** Wert der Tasche; Beutel mit dem Geld wurde nicht geraubt!
c) **überflüssige Angaben:** Dass sie keinen Schock erlitt, ist unwichtig; nur wenn sie einen gehabt hätte, wäre das zu erwähnen.
d) **unsachliche/umgangssprachliche Formulierungen:** Die Alte (besser: das Opfer oder Isolde Weisath), auf den Boden krachte (besser: bei dem Sturz), geklaute (siehe Hinweis zu Übung 4)

Übung 7 (Seite 25)

a) **fehlende Angaben:** Alter der Zeugin Ettelt - Wo befindet sich das Musikgeschäft? Wo genau befand sich der Zeuge Scherer? Die Angabe „zehn Meter neben dem Opfer" ist völlig uneindeutig.
b) **falsche Angaben:** Alter des Zeugen Scherer (63, nicht 36); Entfernung von Scherer zum Opfer zehn Meter, nicht zwölf Meter; „und die Straße kehrte": Genau genommen machte er gerade eine Pause; wenn man den Umstand erwähnt, was aber nicht nötig ist, dann richtig!
c) **überflüssige Angaben:** „wo sie Bestellungen eingab"
d) **unsachliche/umgangssprachliche Formulierungen:** der Gemeinheit (besser: des Überfalls), armen (weglassen) – beides sind Wertungen, die in Berichten unzulässig sind.

Übung 8 (Seite 25)

a) **fehlende Angaben:** geschätztes Alter (etwa 50); Bart; genauere Angaben zur Brille (randlos); Farbe der Jeans (hellbraun); Schuhe (hellbraune Sandalen); Farbe des Autos (grün); Typ des Wagens (Mercedes 200); beim Auto fehlte auch die Fahrgestellnummer (wichtig, weil die es ermöglichen würde, den Besitzer des Wagens ausfindig zu machen)
b) **falsche Angaben:** Täter sprach hessisch, nicht hamburgisch; Größe des Täters (1,85, nicht 1,58)
c) **überflüssige Angaben:** „der aus der Innenstadt kam", „der nicht mehr ansprang" (beides weiß man schon aus der Beschreibung des Ablaufs im zweiten Abschnitt des Berichts).
d) **unsachliche/umgangssprachliche Formulierungen:** Gangster (besser: Täter); fett (besser die Formulierung des Zeugen übernehmen: stämmige Figur); Klamotten (besser: Bekleidet war er mit ...)

Übung 9 (Seite 25)

Isolde Weisath erlitt bei dem Sturz aufgrund des Ohnmachtsanfalls eine Platzwunde am Hinterkopf, die im Krankenhaus genäht werden musste. Die geraubte dunkelrote Kalbsledertasche im Wert von 600 Euro enthielt eine Geldbörse mit ca. 25 Euro sowie einen Reisepass und die Bankkarte.

Zeugen des Überfalls wurden Heike Ettelt (24), die den Vorfall durch das Schaufenster ihres Musikgeschäfts auf der gegenüberliegenden Straßenseite beobachtete, und Wolf Scherer (63), der sich etwa zehn Meter neben dem Opfer auf dem Bürgersteig vor dem Ökogeschäft Dehm befand.

Der circa 50 Jahre alte und stark hessisch sprechende Täter ist etwa 1,85 m groß und von stämmiger Figur. Er hatte einen Bart sowie dunkle Haare und trug eine randlose Brille. Bekleidet war er mit einer hellbraunen Jeans, einem weiß-grün-karierten Hemd und hellbraunen Sandalen. Bei dem grünen Mercedes 200, den er fuhr, fehlten sowohl das Autokennzeichen als auch die Fahrgestellnummer.

2.3 Vorgangsbeschreibung

Übung 1 (Seite 26)

Reinigungsmittel, Eimer mit lauwarmem Wasser (lauwarm, weil sich damit der Schmutz leichter löst), evtl. Gartenschlauch, trockenes Tuch, Putzlappen, Schwamm, Maschinenöl, Bürste, Lederpolitur (für mit Leder bezogenen Sattel), Poliermittel für Metall, alte Zahnbürste (um die Felgen zwischen den Speichen und die Radnaben besser reinigen zu können)

Übung 2 (Seite 26)

Um ein Fahrrad zu putzen, benötigt man einen Eimer mit lauwarmem Wasser, evtl. auch einen Gartenschlauch, Reinigungsmittel (z.B. Seifenlauge, Haushaltsreiniger, aber kein Geschirrspülmittel, weil das zu sehr schäumt, und kein Mittel, das empfindliche Oberflächen beschädigt), einen weichen Schwamm (keinen rauen, weil der die Metalloberfläche verkratzen könnte), eine Bürste (für grobe Verunreinigungen der Reifen), eine alte Zahnbürste, einen Putzlappen, ein trockenes Tuch, Lederpolitur, Poliermittel (für Metallteile) und Maschinenöl.

Übung 3 (Seite 26)

Man sollte Kleidung anziehen, die schmutzig werden darf, und sich einen für das Fahrradputzen geeigneten Platz suchen, der über einen Abfluss verfügt. Ungeeignet ist der Rasen, weil das Reinigungsmittel diesem schaden kann und außerdem die Umwelt verschmutzt. In den Eimer mit warmem Wasser füllt man das Reinigungsmittel; Angaben über die richtige Menge findet man bei den Anwendungshinweisen des Mittels. Falls man das Rad umgekehrt hinstellt, um bestimmte Teile besser putzen zu können, sollte man unter den Lenker und den Sitz eine alte Zeitung legen, damit sie nicht verkratzt werden.

Übung 4 (Seite 27)

Vorbemerkung: Rot hervorgehoben sind wichtige Hinweise, grün Begründungen, die in Vorgangsbeschreibungen oft vergessen werden.

Zunächst erfolgt die Grobreinigung, z.B. mithilfe eines Gartenschlauchs oder eines tropfnassen Schwammes. Bei der Verwendung eines Gartenschlauchs sollte man die Sprühfunktion einstellen, denn ein zu harter Strahl könnte die empfindlichen Metallteile beschädigen. Außerdem muss man auf jeden Fall prüfen, ob das Fahrrad über empfindliche elektronische Geräte verfügt, die durch zu viel Wasser beschädigt werden könnten. Sollte dies der Fall sein, muss man sie mit einer Plastiktüte einwickeln oder abmontieren. Wenn das Rad über grobstollige Reifen verfügt, in denen viel eingetrockneter Schmutz ist, benutzt man zu deren Reinigung eine grobe Bürste, die immer wieder ins Wasser getaucht wird. Man muss jedoch darauf achten, dass man mit der Bürste nicht die empfindlichen Metallteile der Felgen verkratzt.

Bei der Feinreinigung geht man von oben nach unten vor, damit nicht Teile, die man bereits geputzt hat, durch herabtropfendes Wasser wieder schmutzig werden. Den hierbei verwendeten nassen Lappen oder Schwamm säubert man immer wieder im Eimer; sollte das Wasser zu schmutzig werden, tauscht man es aus. Die Rahmenteile und Fahrradspeichen putzt man, indem man sie mit dem feuchten Lappen umfasst und mehrfach hin- und her++wischt. Eine alte Zahnbürste, die man ins Wasser taucht, eignet sich besonders gut zur Reinigung der Radfelgen zwischen den Speichen und der Radnaben; im Anschluss wischt man diese Teile noch ab. Bei den Schutzblechen putzt man auch gründlich an der Innenseite entlang. Elektrische bzw. elektronische Teile reinigt man nur mit einem leicht feuchten, nicht mit einem tropfnassen Tuch, um Beschädigungen durch eindringendes Wasser zu vermeiden. Vorsichtig muss man auch beim Putzen der Kabel sein, damit diese nicht abreißen. Mit Lederpolitur reinigt man einen Sattel aus Leder. Die Fahrradkette putzt man selbstverständlich nicht, denn der Ölfilm ist für das Funktionieren des Rades notwendig.

Man reibt das Fahrrad mit einem Lappen gründlich ab; in der Sonne sollte man es nicht trocknen lassen, weil dadurch auf dem Metall hässliche Wasserflecken entstehen. Damit die Metallteile besonders schön glänzen, kann man sie noch mit einem geeigneten Mittel polieren.

Übung 5 (Seite 27)

Wenn man das Fahrrad putzt, kann man gleich noch die Kette einölen und die Lampen und Bremsen kontrollieren.

2.4 Spielanleitung

Übung 1 (Seite 28)

„Stadt, Land, Fluss“ ist ein Wissensspiel für zwei bis zehn Teilnehmer. Jeder braucht ein DIN-A-4-Blatt Papier, einen Stift und ein Lineal. Das Ziel ist, möglichst viele Punkte zu erlangen, indem man zu Oberbegriffen Beispielwörter findet, die mit einem bestimmten Anfangsbuchstaben beginnen.

Übung 2 (Seite 28)

a) Man braucht pro Spieler immer einen Stift und ein Blatt. Das hängt nicht von der Spielerzahl ab. Der Verfasser meinte sicher das Richtige, drückte es aber logisch falsch aus.
b) Man muss also scheinbar nur möglichst schnell die Tabelle als solche zeichnen (= „Tabelle fertig haben“), wobei unklar bleibt, wofür man dann noch Punkte bekommt.
c) Also malen nur alle Teilnehmer den gleichen Anfangsbuchstaben unter jeden Überbegriff?

Übung 3 (Seite 28)

a) Das heißt, dass man jedes Kästchen einzeln zeichnet. In Wirklichkeit legt man einfach eine Tabelle mit ... Spalten und ... Zeilen an. Aus der Beschreibung wird auch nicht klar, dass es überhaupt um eine Tabelle geht. Man könnte die Ausführungen nämlich so verstehen, dass man insgesamt 70 Kästchen auf dem Papier verteilt.
b) Zum einen fragt man sich: Was sind die ersten drei Felder? Zum anderen könnte man den zweiten Satz so missverstehen, dass man die Begriffe in irgendwelche Felder der Tabelle schreibt; man könnte sogar meinen, man sollte alle Felder der Tabelle mit irgendwelchen Begriffen ausfüllen.
c) Es gibt keine obere/oberste oder untere/unterste Spalten – Spalten sind nebeneinander geordnet. Richtig müsste es heißen: In das oberste Feld der ersten Spalte ...

Übung 4 (Seite 29)

Man zeichnet auf das im Querformat liegende Blatt eine Tabelle mit einer vorher von den Teilnehmern vereinbarten Zahl von Spalten, die davon abhängig ist, mit wie vielen Oberbegriffen man spielt. Üblicherweise sind das mindestens die Oberbegriffe „Stadt, Land, Fluss“ sowie weitere, z.B. „Pflanze, Tier, Name, Star, Film“; der Fantasie sind hier keine Grenzen gesetzt. Die Oberbegriffe trägt man in die Kopfzeile der Spalten ein. Die am weitesten rechts liegende Spalte wird mit „Punkte“ betitelt. Die Zahl der Zeilen in der Tabelle hängt davon ab, wie viele Runden die Teilnehmer spielen möchten; sie müssen sich diesbezüglich einigen, können aber auch festlegen, dass sie über das Ende des Spiels erst später entscheiden.
Überprüfe, ob deine Antwort alle in der Musterlösung stehenden Informationen enthält!

Übung 5 (Seite 29)

Jede Runde läuft in folgender Weise ab: Die Teilnehmer legen einen Spieler fest, der im Kopf lautlos das Alphabet aufsagt, wobei er nur das „A“ laut ausspricht, damit man weiß, wann er anfängt. Dazu wird ein zweiter Spieler bestimmt, der nach einer gewissen Zeit, die er selbst bestimmt, aber nicht länger als eine Minute dauern darf, „Stopp!“ ruft. Der erste Spieler nennt daraufhin laut den Buchstaben, bis zu dem er gekommen ist. Anstatt diese Rollen zu Beginn jeder Runde neu festzulegen, kann man es auch so regeln, dass der Jüngste bei der ersten Runde die erste der beiden Rollen übernimmt und der links von ihm sitzende Mitspieler die zweite; in jeder Runde wandern die Aufgaben im Uhrzeigersinn um einen Spieler weiter. Sollte derjenige, der das Alphabet aufsagt, damit fertig sein, bevor er gestoppt wurde, sagt er wieder „A“ und geht das Alphabet erneut durch. Falls ein Buchstabe genannt wird, der bereits in einer vorherigen Runde zum Einsatz kam, führt man die Festlegung noch einmal durch.

Sobald der Buchstabe bekannt ist, findet jeder schnellstmöglich je ein zu den Oberbegriffen passendes Wort, das mit diesem Buchstaben beginnt, und notiert es in der Tabelle in der richtigen Spalte; Abkürzungen sind unzulässig und werden als Nichtantwort gewertet. Wer als erster Spieler zu allen Kategorien Wörter gefunden hat, ruft „Stopp!", woraufhin die anderen Teilnehmer ihren Stift weglegen; allerdings darf man ein Wort, bei dem man sich gerade befindet, fertig schreiben. Falls kein Spieler zu einem Oberbegriff ein Wort findet, also auch keiner die Runde beenden kann, müssen sich die Teilnehmer spontan darauf einigen, wann sie aufhören.

Übung 6 (Seite 29)

- Der Verfasser beschreibt die Punktevergabe nur mit Beispielen, nicht allgemein. Beispiele sind oft sinnvoll, weil sie eine Regel veranschaulichen, aber die Regel muss trotzdem in allgemeiner Form dargestellt werden.
- Der dritte Satz ist ungenau bzw. unklar: Was ist, wenn z.B. bei vier Spielern drei dasselbe Wort haben?

Übung 7 (Seite 29)

Nach einem Spieldurchgang wird sogleich die Bepunktung vorgenommen. Wenn jemand in einem Feld kein Wort stehen hat, erhält er dafür null Punkte. Für ein Wort, das auch mindestens ein anderer hat, bekommt man fünf Punkte, für eines, das niemand sonst wusste, zehn, und sollte man als Einziger in einem Feld ein Wort gefunden haben, bringt einem das 20 Punkte ein. Sämtliche Punkte einer Zeile werden addiert und in der Spalte ganz rechts notiert. Manchmal kann es dazu kommen, dass die Gültigkeit einer Antwort umstritten ist. Sollte eine vernünftige und zeitlich begrenzte Diskussion zu keinem Ergebnis führen, wird über die Zulässigkeit der Lösung abgestimmt; im Falle einer Stimmengleichheit gilt die Antwort als korrekt. Rechtschreibfehler werden bei der Bewertung nicht berücksichtigt.

Am Ende des Spiels werden die Zwischenbeträge der Spalte ganz rechts zusammengezählt. Der Teilnehmer mit der höchsten Punktzahl ist Gewinner.

Übung 8 (Seite 29)

Wer „Stadt, Land, Fluss" öfter spielt, sollte sich zu den üblichen Oberbegriffen eine Sammlung besonderer Wörter anlegen und sie auswendig lernen, beispielsweise wenig bekannte Länder oder Städte, denn diese bringen mehr Punkte ein.

2.5 Sachliche Sprache

Übung 1 (Seite 30)

a) Man mischt die Karten, lässt den rechten Mitspieler abheben, nimmt den nicht abgehobenen Stapel, verteilt an jeden Mitspieler fünf Karten und legt die restlichen verdeckt auf den abgehobenen Stapel.
b) Die Stangen wischt man mit einem trockenen Tuch ab, sodass/damit sich keine hässlichen Wasserflecken bilden. – ..., weil sich so keine hässlichen Wasserflecken bilden. – ..., denn auf diese Weise bilden sich keine hässlichen Wasserflecken.
c) Grobstollige Reifen reinigt man mit einer Bürste, weil man auf diese Weise den Schmutz leichter beseitigen kann. – ..., denn so kann man ...

Übung 2 (Seite 30)

a) Das Fahrrad stellt man auf einen geeigneten Platz, auf dem ein Abfluss vorhanden sein sollte.
b) Grobstollige Reifen reinigt man mit einer Bürste, mit der man den Schmutz leichter beseitigen kann.

Übung 3 (Seite 31)

a) Man reinigt … Die Fahrradkette putzt man selbstverständlich nicht, denn … oder: Einen Sattel aus Leder reinigt man mit Lederpolitur. Man putzt … oder: Mit Lederpolitur reinigt man einen Sattel aus Leder. Die Fahrradkette putzt man selbstverständlich nicht, denn …
b) Man mischt die Karten, verteilt jeweils fünf an die Mitspieler und legt … oder: Man mischt … Den restlichen Stapel legt man verdeckt …
c) Der Ball darf nur mit der Faust geschlagen werden. Er darf den Boden berühren, muss aber im Anschluss gleich …

Übung 4 (Seite 31)

a) Falls der Ball … – Fällt der Ball außerhalb eines Feldes auf den Boden, erhält … – keine akzeptable Umformung: Beim Fallen des Balles außerhalb eines Feldes auf den Boden erhält …
b) Falls ein Spieler … – Wird ein Spieler vom Ball berührt, muss er … – keine akzeptable Umformung: Beim Berühren eines Spielers vom Ball muss er …
c) Falls das Rad … – Ist das Rad stark verschmutzt, sollte man … – Bei einer starken Verschmutzung des Rades sollte man …

Übung 5 (Seite 32)

a) Man umfasst jede Stange mit dem Lappen und schiebt diesen mehrmals hin und her. (Die Angabe „bis diese sauber ist“, ist überflüssig, denn man will ja das Fahrrad sauber bekommen.)
b) Mit einem Lappen wischt man jede Stange gründlich ab.

Übung 6 (Seite 32)

Man lässt in einer Pfanne etwas Butter heiß werden. Währenddessen schlägt man die Eier einzeln in eine Tasse, riecht, ob sie gut sind, und schüttet sie vorsichtig in die Pfanne. Nach Belieben würzt man sie mit Salz und Pfeffer und lässt sie braten, bis das Eiweiß fest geworden ist. Man fährt dabei hin und wieder mit einem Bratheber sehr vorsichtig unter den Eiern entlang, um ein Anlegen bzw. Anbrennen der Eier zu verhindern. Die fertigen Eier nimmt man mit dem Bratheber ebenfalls vorsichtig aus der Pfanne und legt sie auf den Teller.

Abschlusstest

Zur Bewertung:

- Um die inhaltliche Genauigkeit bewerten zu können, musst du die folgenden Musterlösungen gründlich mit deinem Bericht bzw. deiner Vorgangsbeschreibung vergleichen. Ist jede der Informationen in deinem Aufsatz enthalten? Achte auch darauf, dass die Angaben zur Reihenfolge der Ereignisse (Bericht) bzw. des Uno-Spiels (Vorgangsbeschreibung) stimmen. Nun kann man leider nicht sagen: Für jeweils drei fehlende inhaltliche Punkte gibt es eine Notenstufe Abzug. Denn manche Information ist wichtiger als die andere. Schätze am Ende selbst ehrlich ab, wie gut deine Leistung ist, und gib dir dafür 0 (miserabel) bis 6 Punkte (sehr gut).
- Bei der sprachlichen Leistung geht es um folgende Gesichtspunkte: straffe, genaue Formulierungen, anspruchsvoller Satzbau, Vermeidung von „dann“ und Ähnlichem, Vermeidung von überflüssigen Wörtern (straffer Ausdruck) und von Wiederholungsfehlern, sachlicher Stil ohne Erzählausdrücke oder Wertungen. Am besten lässt du deinen Aufsatz von jemand anderem lesen und korrigieren und einigst dich dann mit ihm/ihr auf 0–6 Punkte.
- Die formalsprachlichen Fehler (Rechtschreibung, Zeichensetzung usw.) bleiben bei diesem Abschlusstest unberücksichtigt.

Aufgabe 1 (Seite 33)

Hinweis: In eckigen Klammern stehen Informationen, die man erwähnen kann, aber nicht muss. In runden Klammern findest du andere Formulierungsvorschläge. Zur Bewertung siehe S. 108.

Am Dienstag, dem 16.8. wurde um 13.55 Uhr in der Fabian-Luther-Straße in Mühldorf ein Mann Opfer eines Raubüberfalls. Oder: Am Dienstag, den 16.8. beraubte um 13.55 Uhr ein unbekannter Täter in der Fabian-Luther-Straße in Mühldorf einen Mann.

Daniel Hanf (33) stand zwischen dem Jula-Weinert-Denkmal und der Fabian-Luther-Straße, als auf dieser Straße aus Richtung Krankenhaus ein Mofa kam und gegenüber vor dem Haus Nr. 245 hielt. Der Fahrer stieg ab, lief zu Daniel Hanf, versetzte ihm einen Stoß, sodass das Opfer niederstürzte, und raubte dessen Aktenkoffer. Der Täter [, der während des ganzen Überfalls kein Wort redete,] rannte zu seinem Mofa zurück, fuhr auf der Fabian-Luther-Straße bis zur Einfahrt in den Timo-Lanzner-Ring, bog nach links Richtung Daniel-Pitsch-Museum ab und entkam.

Das Überfallopfer erlitt keine Verletzungen. In dem geraubten rotbraunen Aktenkoffer aus Kalbsleder im Wert von 200 Euro befanden sich ein Aktenordner mit Rechnungen der Firma Wastian-Aktiengesellschaft, ein Terminkalender sowie ein Päckchen Kaugummi.

Zeugen des Überfalls waren Mirjam Schwarz (14), die auf den Stufen des Wencke-Voigt-Denkmals saß, und Rebecca Schönherr (58), die das Geschehen vom Fenster des Arbeitszimmers ihrer Wohnung im zweiten Stock des Hauses Fabian-Luther-Straße Nr. 245 aus beobachtete. Oder: ..., die das Geschehen vom Fenster des Arbeitszimmers ihrer Wohnung aus beobachtete, welche im zweiten Stock des Hauses Fabian-Luther-Straße Nr. 245 liegt.

Der Täter ist ca. 1,90 Meter groß, sehr schlank, bartlos, hat kurze, blonde Haare und eine Narbe über dem rechten Auge. Er trug ein rotes T-Shirt, eine schwarze Lederhose und gelbe Turnschuhe. Das Mofa ist völlig grün (auch die Reifen) und hat das Kennzeichen G 435 723. Oder: Der ca. 1,90 Meter große, sehr schlanke Täter ist bartlos und hat kurze, blonde Haare. Eine Narbe über dem rechten Auge stellt ein besonderes Kennzeichen dar. Er war mit einem roten T-Shirt, einer schwarzen Lederhose und gelben Turnschuhen bekleidet. Das Mofa mit dem Kennzeichen G 435 723 ist völlig grün lackiert, wobei auch die Reifen diese Farbe haben.

Aufgabe 2 (Seite 34)

Hinweis: Es kann sein, dass du das Spiel nach zum Teil anderen Regeln spielst. Störe dich nicht daran, denn sicher weiß auch dein Lehrer, dass es bei vielen Spielen nicht die einzig verbindlichen Regeln gibt. Zur Bewertung siehe die Hinweise auf S. 108.

Für dieses Kartenspiel, an dem zwei bis zehn Spieler ab einem Alter von sieben Jahren teilnehmen können, braucht man einen „Uno"-Kartensatz. Ziel ist es, als Erster keine Karten mehr auf der Hand zu haben.

Man wählt einen Geber aus. Nachdem dieser die Karten gemischt hat, verteilt er an jeden Spieler sieben Stück; die restlichen Karten werden verdeckt als Stapel in der Mitte des Tisches platziert. Der Geber deckt die oberste Karte auf und legt sie neben den Stapel; auf die werden später Karten abgelegt.

Der links vom Geber sitzende Spieler beginnt; anschließend geht es im Uhrzeigersinn weiter. Die Spieler versuchen in jeder Runde eine Karte abzulegen, die in Farbe, Zahl oder Symbol mit der obersten Karte des Ablagestapels übereinstimmen muss. Kann ein Spieler keine Karte auslegen, hat er vom verdeckten Stapel eine zu ziehen.

Neben den normalen Karten mit den Ziffern 0 bis 9, gibt es eine Reihe von Symbolkarten mit besonderer Bedeutung. Bei der Richtungswechselkarte, auf der zwei in entgegengesetzte Richtungen weisende Pfeile zu sehen sind, wird die Spielrichtung gewechselt. Bei einer „+2"-Karte muss der nächste Spieler zwei Karten vom verdeckten Stapel ziehen, darf aber keine ablegen. Falls er allerdings ebenfalls eine „+2"-Karte besitzt, braucht er keine Karte zu ziehen, sondern legt sie auf den Ablagestapel und der nächste Spieler muss nun sogar vier Karten ziehen, es sei denn, auch er besitzt eine solche Sonderkarte; dies geht so lange weiter, bis eben ein Spieler keine „+2"-Karte mehr hat. Falls eine „+4"-Karte gelegt wird, muss der folgende Spieler vier Karten ziehen und darf keine ablegen; die eben beschriebenen Sonderregeln der „+2"-Karten gelten dabei nicht. Außerdem darf der Spieler, der die „+4"-Karte abgegeben hat, sich eine Farbe wünschen, die der übernächste Spieler zu berücksichtigen hat. Diese Sonderkarte darf man im Übrigen immer ausspielen. Das Legen der „Aussetzen"-Karte, auf der ein durchgestrichener Kreis abgebildet ist, hat zur Folge, dass der nächste Teilnehmer in der laufenden Runde übergangen wird. Auf der Farbwahlkarte sieht man einen viergeteilten Kreis, wobei jedes Viertel eine andere Farbe besitzt. Diese Sonderkarte kann man ablegen, wenn man selber viele Karten besitzt, die eine andere Farbe haben als die auf dem Ablagestapel zuletzt liegenden, und man muss sie ablegen, falls man sonst keine passende Karte hat. Man darf sich dann eine Farbe aussuchen, die der nächste Spieler abgeben muss.

Besitzt ein Teilnehmer nur noch eine Karte, so muss er für alle Spieler gut hörbar „Uno!" rufen. Wenn er dies vergisst und ein anderer merkt dies, hat er eine Karte vom verdeckten Stapel zu ziehen. Das Spiel ist zu Ende, sobald ein Spieler keine Karten mehr hat.

3.1 Sachtexte

Übung 2 (Seite 37)

richtige Antwort: 2. Anpassung der Eisbären an ihre Umwelt

Übung 3 (Seite 37)

zu 1.: bezieht sich nur auf die letzten Zeilen des Abschnitts
zu 3.: zu allgemein, da es auch in anderen Textabschnitten um „clevere" Verhaltensweisen der Eisbären geht; zu erzählerisch
zu 4.: zu erzählerisch bzw. im aufreißerischen Zeitungsstil (soll Neugier wecken, nicht Information bieten); Oberbegriff, der alle Informationen des Abschnittes verbindet, fehlt
zu 5.: zu allgemein, denn darum geht es im ganzen Text
zu 6.: Sicher geht es um körperliche Merkmale der Eisbären, aber es werden nur solche Merkmale behandelt, die sich auf die Anpassung der Eisbären an die Umwelt beziehen.

Übung 4 (Seite 38)

richtige Antwort: 4. Verhaltensweisen von Eisbären

Übung 5 (Seite 38)

zu 1.: bezieht sich nur auf den Textanfang
zu 2.: bezieht sich nur auf einen Teil des Abschnitts
zu 3.: zu erzählerisch, zu „vermenschelnd": Was ein Mensch (als „Gruppentier"!) empfindet, entspricht nicht den Gefühlen von Eisbären.
zu 5.: zu allgemein, weil nicht der Lebensraum „Nordpol" beschrieben wird, sondern die Verhaltensweisen der Eisbären in diesem Lebensraum
zu 6.: zu erzählerisch, zu wertend (Überschriften sollen keine Wertung enthalten, sondern informieren)
zu 7.: zu eingeschränkt; behandelt nur einen Teilaspekt

Übung 6 (Seite 38)

Abschnitt 3: „Nahrung der Eisbären“

Übung 7 (Seite 38)

Satz 1: falsch, Satz 2: richtig, Satz 3: richtig, Satz 4: aus dem Text nicht zu entnehmen, Satz 5: falsch, Satz 6: falsch, Satz 7: aus dem Text nicht zu entnehmen, Satz 8: richtig

Übung 8 (Seite 39)

Anmerkungen:

zu 1.: Im Textabschnitt 2 stehen einige Fälle, in denen die Eisbären keine Einzelgänger sind. Insofern stimmt die Aussage („ganzes Leben“, „völlige Einzelgänger“) nicht.

zu 2.: Die Aussage kann aus dem Satz gegen Ende des Abschnitts 1 über die Zeit, die sie bei der Mutter verbringen, erschlossen werden.

zu 3.: Im Abschnitt 1 wird zwar ein weiterer Grund angegeben (Fettschicht hilft auch beim Schwimmen), aber deshalb ist die Aussage trotzdem richtig.

zu 4.: Im Abschnitt 3 steht nur, dass die Eisbären sich manchmal über die Nahrungsmittelvorräte von Forschungsstationen hermachen. (Im Übrigen fallen Eisbären nur höchst selten einen Menschen an! Der Mensch mit seiner Umweltverschmutzung ist umgekehrt für Eisbären eine wesentlich größere Gefahr.)

zu 5.: Genau lesen! Im Abschnitt steht, dass sie „im Extremfall“ ein Jahr ohne Nahrung überleben können. Das ist etwas anderes als „normalerweise“.

zu 6.: Im Abschnitt 2 steht, dass die Robben sich unter dem Eis aufhalten, um Fische jagen zu können (Wenn die Eisschicht im Winter zu dick ist, kämen die Robben nicht durch und damit nicht an ihre Hauptnahrungsquelle. Deshalb bleiben sie unter dem Eis.)

zu 7.: Im Abschnitt 1 erfahren wir nur, dass sie weite Strecken zurücklegen können. Ob sie schnelle Schwimmer sind, steht nirgends im Text.

zu 8.: richtig

Übung 9 (Seite 39)

Eisbären töten Mitglieder der eigenen Art, wenn es sonst keine Nahrung gibt oder wenn frisch geborene Eisbärbabys krank oder zu schwach zum Überleben sind. – Die Informationen hierzu stehen in den Abschnitten 1 und 3. Vielleicht hast du nur einen Grund entdeckt, weil du den Text nicht mehr ganz durchsucht hast. – Überprüfe: Hast du in einem ganzen Satz geantwortet?

Übung 10 (Seite 39)

1. Eisbären essen vor allem Fleisch, weil in der Polargegend keine Pflanzen wachsen.
2. Das Fell von Eisbären ist sehr dicht, damit sie nicht frieren und das Wasser besser abperlt.

Anmerkung zu 1.: Ob ihnen Pflanzen schmecken oder nicht bzw. ob sie Fleisch lieber mögen, davon steht nichts im Text. Wer die dritte Möglichkeit angekreuzt hat, beurteilt Tiere nach menschlichen Maßstäben; Tiere jedoch haben keine Moral, sie passen sich nur an Umweltbedingungen an.

Übung 11 (Seite 40)

Aussage 1: Absatz 3; Aussage 2: Absatz 1; Aussage 3: Absatz 2

Übung 12 (Seite 40)

Information 1: Absätze 1, 2, 3; Information 2: Absatz 3; Information 3: Absatz 2; Information 4: Absätze 1, 3

3.2 Erzählende Texte

Übung 2 (Seite 43)

1. Bei schlechtem Wetter zertrampeln die Wegbenutzer die Getreidesaat des Bauern.
2. Nachts kann der Bauer die Menschen vom Acker nicht fernhalten.
3. Weil es auf dem Friedhof neben dem Acker zu spuken beginnt, benutzen die Menschen den Weg nachts nicht mehr.
4. Ein Mann lässt sich durch den Spuk nicht einschüchtern und benutzt den Weg.
5. Der Mann glaubt von einem Gespenst verfolgt zu werden und verlässt aus Angst den Friedhof schnell.
6. Der Mann durchschaut den Spuk als Betrug und verprügelt den als Gespenst verkleideten Menschen.

Anmerkung zu den anderen Auswahlantworten:

- Manche Antworten sind sachlich falsch, was man entdeckt, wenn man genau liest. Beispiel zu Absatz 5: „Ein Gespenst verfolgt den Mann im Friedhof, aber auch danach." Was den Mann verfolgt, ist ja gar kein Gespenst! – Beispiel zu Absatz 4: „Ein Mann durchschaut den Spuk sofort als Betrug." Er durchschaut ihn erst später!
- Manche Antworten sind zu erzählerisch, also zu wenig sachlich. Beispiele zu Absatz 3: „Wie gruselig, was auf dem Friedhof passiert!" oder „Es winselt und klappert auf dem Friedhof."
- Manche Antworten decken nur einen Teil eines Absatzes ab. Beispiel zu Absatz 2: „Der Bauer bereitet denen, die seinen Acker betreten, Schmerzen." – Beispiel zu Absatz 3: „Auf dem Friedhof beginnt es zu spuken." Man erfährt nichts über die Folgen.
- Manche Antworten sind zu allgemein. Beispiel zu Absatz 1: „Bauern neben einem Friedhof haben große Probleme."

Übung 3 (Seite 44)

Absatz 5: „... und das war in Ordnung ... und das war dumm."; Absatz 6: „Aber so passiert es. Kein Betrüger ist so schlau, dass er sich nicht irgendwann verrät."; Absatz 7: „Es wäre zu wünschen, dass jeder andere Betrüger ebenso seinen Meister finden möge."

Übung 4 (Seite 44)

richtig: 4. Der Bauer übertreibt und hält sich nicht an die Rolle, die er spielt.

Anmerkungen zu den anderen Antwortmöglichkeiten:

zu 1.: zu allgemein

zu 2.: Er durchschaut ihn nicht sofort (siehe Absatz 5), sondern erst, nachdem der Bauer seinen Fehler gemacht hat.

zu 3.: „Pech" hat etwas mit Zufall und Glück bzw. Unglück zu tun. Der Bauer machte aber einen richtigen, erklärbaren Fehler.

Übung 5 (Seite 44)

richtig: 4. Betrüger legen sich irgendwann immer selbst herein.

Anmerkungen zu den anderen Antwortmöglichkeiten:

zu 1.: Ist viel zu allgemein, denn was beschrieben wird, passiert nicht auf jedem Friedhof.
zu 2.: Das ist für sich betrachtet richtig, aber die ganze Geschichte soll mehr als das veranschaulichen.
zu 3.: Der Text enthält keinen Hinweis, dass nach Ansicht des Erzählers Gespenster überhaupt nicht existieren. (Wenn man Johann Peter Hebels Gesamtwerk kennt, merkt man, dass er nicht an Gespenster glaubte. Aber dieser Text lässt den Schluss nicht zu.)
zu 5.: Der Erzähler äußert sich nicht allgemein über Bauern, sondern nur über einen bestimmten Bauern.

Übung 6 (Seite 44)

„Wer anderen eine Grube gräbt, fällt selbst hinein."

Übung 7 (Seite 44)

- „schlüpfrig": glatt, glitschig (Man rutscht leicht aus.)
- „Witterung": Wetter
- „... tat es manchmal auch mit ein paar Ohrfeigen ab": erledigte die Sache manchmal auch mit ein paar Ohrfeigen
- „bebend": zitternd
- „... dass jeder andere Betrüger ebenso seinen Meister finden möge": dass jeder andere Betrüger ebenso entlarvt werden soll

3.3 Gedichte

Übung 1 (Seite 45)

nicht, Schwein, sagte, Liebe, Schatten, Maus, gefangen, Bein, wagte, verlangen, fein, Laus, Hiebe, Latten, Licht, nein

Übung 2 (Seite 45)

- einsilbige Reime: nicht – Licht, Schwein – nein, Maus – Laus, Bein – fein
- zweisilbige Reime: sagte – wagte, Liebe – Hiebe, Schatten – Latten, gefangen – verlangen

Übung 3 (Seite 46)

Der See hat eine Haut bekommen,	a	Und nimmst du einen Kieselstein	c
So dass man fast drauf gehen kann,	b	Und wirfst ihn drauf, so macht er klirr	d
Und kommt ein großer Fisch geschwommen,	a	Und titscher – titscher – titscher – dirr – ...	d
So stößt er mit der Nase an.	b	heißa, du lustiger Kieselstein!	c

Übung 4 (Seite 46)

Strophe 1: Kreuzreim   Strophe 2: umarmender Reim

Übung 5 (Seite 46)

Der Sée hat éine Háut bekómmen,
So dáss man fást drauf géhen kánn,
Und kómmt ein grö́ßer Fisch geschwómmen,
So stö́ßt er mít der Náse án.

Und nímmst du éinen Kieselstéin
Und wírfst ihn dráuf, so mácht er klírr
Und títscher – títscher – títscher – dírr – …
heißá, du lústiger Kiéselstéin!
(auch möglich: héißa, du …)

Abschlusstest

Bei allen Aufgaben gilt: Für jedes richtig gesetzte Kreuz gibt es einen Punkt.

Aufgabe 1 (Seite 48)

1. Echte Coca-Cola – angeblich nicht nachzumachen und weltweit verbreitet
2. Die Geschichte der Erfindung der Coca-Cola
3. Verkauf des Cola-Rezepts erst an einen geschäftstüchtigen Kaufmann, dann an eine Bankengruppe
4. Cola wird durch umfangreiche geschäftliche Maßnahmen zu einem Verkaufsschlager.

Aufgabe 2 (Seite 49)

Satz 1: richtig, Satz 2: falsch, Satz 3: aus dem Text nicht zu entnehmen, Satz 4: falsch, Satz 5: falsch, Satz 6: aus dem Text nicht zu entnehmen, Satz 7: richtig, Satz 8: aus dem Text nicht zu entnehmen, Satz 9: aus dem Text nicht zu entnehmen

Anmerkungen:
zu 2: Soda-Wasser ist so etwas Ähnliches wie Mineralwasser, steht im Text (Abschnitt 2).
zu 5: Im Text steht, dass die Erben das Geschäft 28 Jahre später verkauften. Bezugspunkt ist 1891 (siehe Abschnitt 3). Demnach war das Verkaufsjahr 1919.
zu 9: Im Text steht nur, die Vermutung, dass der Buchhalter wahrscheinlich den Namen prägte. Ob er ihn erfand, geht daraus nicht hervor.

Aufgabe 3 (Seite 49)

richtig: Aussagen 3 und 5

Aufgabe 4 (Seite 50)

Meinungen: Sätze 1, 5, 6, 7
Tatsachen: Sätze 2, 3, 4

4.1 Verb

Übung 1 (Seite 52)

Im Internet (Nomen) gehen (Verb) die (best. Artikel) Adressen (Nomen) aus (zum Verb). Für einen (unbest. Artikel) normalen (Adjektiv) Benutzer (Nomen) ist (Verb) das unvorstellbar (Adjektiv). Unglaublich (Adjektiv) sind (Verb) die (best. Artikel) Summen (Nomen), die für besondere (Adjektiv) Namen (Nomen) bezahlt (Verb) werden (Verb). 1999 kauften (Verb) zwei Leute (Nomen) business.com für 7,5 Millionen (Nomen) Dollar (Nomen) und verhökerten (Verb) den (best. Artikel) Namen (Nomen) jetzt für gewaltige (Adjektiv) 350 Millionen (Nomen) Dollar (Nomen).

Übung 2 (Seite 53)

vergisst – wurde … bewiesen – beworben hat – tippen … ein – werden … geliefert – hinterließ – muss … halten – mitteilen – essen – geärgert haben – ist … abgespeichert worden – aufgerufen werden – sollte vorsichtig sein

Übung 3 (Seite 53)

	schlagen	**geben**
Präsens	ich werde geschlagen	er wird gegeben
Präteritum	ich wurde geschlagen	er wurde gegeben
Perfekt	ich bin geschlagen worden	er ist gegeben worden
Plusquamperf.	ich war geschlagen worden	er war gegeben worden
Futur I	ich werde geschlagen werden	er wird gegeben werden
Futur II	ich werde geschlagen worden sein	er wird gegeben worden sein

Übung 4 (Seite 53)

(1) 3. P. Singular Imperfekt/Präteritum; (2) 3. P. Plural Präsens; (3) 3. P. Plural Futur I; (4) 3. P. Singular Perfekt; (5) 3. P. Singular Plusquamperfekt; (6) 3. P. Singular Futur II

Übung 5 (Seite 54)

Durch Computer wurde das Leben erleichtert. Manche Computernutzer sind dabei aber ziemlich verdummt. Die Rechtschreibung wurde von ihnen nicht mehr geübt, weil der Computer ja die Wörter, die falsch geschrieben sind, unterringelt. Ihr Pech: Vom Computer werden bei Weitem nicht alle Fehler erkannt. Die Programmierer waren einfach mit der Kompliziertheit der Regeln überfordert.

Übung 6 (Seite 54)

(1) 3. P. Singular Imperfekt/Präteritum Passiv; (2) 1. P. Singular Präsens Aktiv; (3) 3. P. Singular Futur I Aktiv; (4) 3. P. Singular Perfekt Aktiv; (5) 1. P. Singular Plusquamperfekt Aktiv; (5) 3. P. Singular Perfekt Passiv; (7) 3. P. Singular Plusquamperfekt Passiv

Übung 7 (Seite 55)

(1) Infinitiv Präsens Aktiv; (2) Infinitiv Perfekt Aktiv; (3) Infinitiv Perfekt Passiv; (4) Infinitiv Präsens Passiv; (5) Partizip II; (6) Partizip I; (7) Imperativ I; (8) Imperativ II

Übung 8 (Seite 55)

(1) ich schimpfe; (2) sie sind zerstört worden; (3) ihr hattet gejubelt; (4) er/sie/es wird gejagt; (5) er/sie/es wird gejagt werden; (6) wir nahmen; (7) du wurdest angeschossen

4.2 Pronomen

Übung 1 (Seite 56)

es (Personalpronomen), einige (Indefinitpronomen), die (Relativpronomen), man (Indefinitpronomen), deine (Possessivpronomen), dies (Demonstrativpronomen), irgendeine (Indefinitpronomen), ein paar (Indefinitpronomen), die (Relativpronomen), man (Indefinitpronomen), ihnen (Personalpronomen), irgendwelche (Indefinitpronomen), die (Relativpronomen), unseren (Possessivpronomen), das (Demonstrativpronomen), sich (Reflexivpronomen), welches (Relativpronomen), was (Interrogativpronomen), das (Demonstrativpronomen), diejenigen (Demonstrativpronomen), die (Relativpronomen), dies (Demonstrativpronomen), alles (Indefinitpronomen), deinen (Possessivpronomen), dich (Personalpronomen), euch (Personalpronomen)

4.3 Weitere Wortarten

Übung 1 (Seite 57)

jahrelang (Temporaladverb), dummerweise (Modaladverb), immer (Temporaladverb), leider (Modaladverb), deshalb (Kausaladverb), drinnen (Lokaladverb), vielleicht (Modaladverb), dann (Temporaladverb), oben (Lokaladverb), unten (Lokaladverb), jetzt (Temporaladverb), besonders (Modaladverb), irgendwie (Modaladverb), da (Temporaladverb – Vorsicht: Vielleicht hast du das als Lokaladverb bestimmt, was „da" auch sein kann. Es kommt allerdings auf den Zusammenhang an, und hier geht es um eine zeitliche Bestimmung, keine Ortsangabe.), sehr (Modaladverb), daher (Kausaladverb), niemals (Temporaladverb)

Übung 2 (Seite 58)

Ich erzähle dir noch von einer weiteren Gemeinheit, die in dem Gehirn (oder: im Gehirn) von Computerkriminellen entstanden ist. Kennst du dich mit Trojanern aus? Diese Bezeichnung erinnert an die antike Stadt und den Krieg, der dort zwischen den Griechen und den Trojanern geführt wurde. Nach einer langen vergeblichen Belagerung dachten sich die Griechen einen Trick aus: Sie setzten Männer in ein riesiges Holzpferd, schoben es vor die Stadt und taten so, als ob sie aufgrund der Überlegenheit der Trojaner und unter größtem Bedauern abziehen würden. Die dummen Trojaner fielen auf den Trick herein, zogen das Pferd in die Stadt und betranken sich in ihrem Siegestaumel maßlos. Nachts krochen die Griechen aus dem Pferd, stapften über die Betrunkenen, öffneten die Stadttore – und Troja wurde innerhalb kürzester Zeit und mit größter Brutalität niedergemacht. Die Trojaner in deinem Computer kriechen nun nicht heraus, um dich in der Nacht zu töten. Aber wegen eines Trojaners in deinem Computer kann ein Fremder sich in deinen Computer einloggen. Unter deiner Adresse kann er beispielsweise Werbemüll, sogenannten Spam, an andere losschicken. Wenn du von einem anderen Benutzer eine böse Mail bekommst, in der er sich über den Werbemüll von deiner Adresse ärgert, weißt du: Du hast seit Kurzem einen Trojaner zu Gast. Von manchen Anti-Spam-Programmen wird deine Adresse dann gesperrt und deine Mails werden nicht mehr zugestellt.

Übung 3 (Seite 59)

dritte (O), man (IP), eins (K), zwei (K), drei (K), mancher (IP), keine (IP), Erste (O), zehn (K), jemanden (IP), irgendwelche (IP), tausend (K)

Übung 4 (Seite 59)

aber, als, also, auch, bevor, bis, da, damit, dass, denn, doch, entweder – oder, falls, indem, jedoch, nachdem, nicht nur – sondern auch, ob, oder, seit, seitdem, sobald, solange, sowie, sowohl – als auch, um, und, während, weder – noch, weil, wenn, wie, zu

Übung 5 (Seite 59)

(…) Spyware, weil diese Spione (…) durchsuchen, bis sie etwas Interessantes sowie Verwertbares gefunden haben. Wenn (…) denkt, dass ihm das egal sei, denn er (…) Geheimnisse, so (…) Erste, der so (…) denkt. Obwohl er (…) jemanden. Um ein Profil vom Besitzer zu erstellen (…) Suchwörter. Sobald sie (…) zurück. Der aber (…) mit tausend und mehr (…) zumüllen, ob er will oder nicht. (…) Spione auch Passwörter stehlen, das jedoch wird (…).

Abschlusstest

Für jede richtige Bestimmung gibt es einen Punkt!

Aufgabe 1 (Seite 60)

lerntest	2. P. Singular Imperfekt/Präteritum Aktiv
wirst … beachten	2. P. Singular Futur I Aktiv
werden … beachtet	3. P. Plural Präsens Passiv (Falls du Futur geschrieben hast, diese Form hieße: *<u>Werden</u> die Tipps von dir <u>beachtet werden</u>?*)
hatte … gelohnt	3. P. Singular Plusquamperfekt Aktiv
schütze	Imperativ I (oder Imperativ Singular)

Aufgabe 2 (Seite 60)

Im (Präposition) Internet (Nomen) gibt (Verb) es (Personalpronomen) seltsame (Adjektiv) Wesen (Nomen), die (Relativpronomen) sich (Reflexivpronomen) dort (Lokaladverb) herumtreiben (Verb). Beispielsweise (Modaladverb) gibt (Verb) es (Personalpronomen) auch (Konjunktion) Viren (Nomen) und (Konjunktion) Würmer (Nomen). Zuerst (Temporaladverb) schleichen (Verb) diese (Demonstrativpronomen) sich (Reflexivpronomen) mit (Präposition) irgendeiner (Indefinitpronomen) Mail (Nomen) in (Präposition) deinen (Possessivpronomen) Computer (Nomen), dann (Temporaladverb) zerstören (Verb) sie (Personalpronomen) einige (Indefinitpronomen) Teile (Nomen). Würmer (Nomen) benutzen (Verb) deine (Possessivpronomen) Adressliste (Nomen) und (Konjunktion) rasen (Verb) so (Modaladverb) in (Präposition) zwei (Kardinalzahl/Numerale) Sekunden (Nomen) zum (Präposition) nächsten (Adjektiv) Opfer (Nomen).

5.1 Grundlegende Satzteile

Übung 1 (Seite 62)

Satz 1: Wo haben Menschen Hobbys? – auf der ganzen Welt: Lokaladverbiale. Tätigkeit im Satz? – haben: Prädikat. Wer oder was hat auf der ganzen Welt Hobbys? – Menschen: Subjekt. Wen oder was haben Menschen auf der ganzen Welt? – Hobbys: Akkusativobjekt.
Satz 2: Wem widmen sie immer viel Zeit? – diesen: Dativobjekt. Tätigkeit im Satz? – widmen: Prädikat. Wer widmet diesen immer viel Zeit? – sie: Subjekt. Wann widmen sie diesen viel Zeit? – immer: Temporaladverbiale. Wen oder was widmen sie diesen immer? – viel Zeit: Akkusativobjekt.
Hinweis: Hast du vielleicht *viel Zeit* als Temporaladverbiale bestimmt? Wahrscheinlich hast du dann nicht die Satzteilfrage gestellt, sondern dich von dem Wort Zeit dazu verführen lassen, ein Temporaladverbiale zu sehen. Also immer die Satzteilfrage stellen!

Übung 2 (Seite 62)

Manche Menschen (Subjekt) sammeln (Prädikat) am liebsten (Modaladverbiale) Briefmarken (Akkusativobjekt). Ihre Augen (Subjekt) glänzen (Prädikat) vor Freude (Modaladverbiale) wegen dieser kleinen Papierstückchen (Kausaladverbiale).
Andere (Subjekt) angeln (Prädikat) voller Begeisterung (Modaladverbiale) in jeder freien Minute (Temporaladverbiale) an einem Fluss (Lokaladverbiale). Ihnen (Dativobjekt) gefällt (Prädikat) stundenlanges Warten auf einen Fisch (Subjekt).

Übung 3 (Seite 63)

Seine Autos (Akkusativobjekt) liebte (Prädikat) ein verrückter Autofan (Subjekt) über alles (Modaladverbiale). Tagelang (Temporaladverbiale), stundenlang (Temporaladverbiale), wochenlang (Temporaladverbiale) putzte (Prädikat) *und* polierte (Prädikat) er (Subjekt) aufgrund seiner Leidenschaft (Kausaladverbiale) seinen BMW (Akkusativobjekt), seinen Porsche (Akkusativobjekt) *und* seinen Mercedes (Akkusativobjekt) mit größter Hingabe (Modaladverbiale). Ist (Prädikat) dort (Lokaladverbiale) ein kleines Staubkorn (Subjekt)? Erkennt (Prädikat) man (Subjekt) an dieser versteckten Stelle (Lokaladverbiale) einen kleinen Flecken (Akkusativobjekt)? Ständig (Temporaladverbiale) beschäftigen (Prädikat) ihn (Akkusativobjekt) diese Fragen (Subjekt). Andere (Subjekt) sagten (Prädikat) ihm (Dativobjekt): „Du (Subjekt) spinnst (Prädikat) furchtbar (Modaladverbiale). Tue (Prädikat) etwas Vernünftiges (Akkusativobjekt)! Verschwende (Prädikat) *nicht* deine Zeit (Akkusativobjekt)!" *Aber* jeder Mensch (Subjekt) spinnt (Prädikat) in seiner Freizeit (Temporaladverbiale) *eben* auf seine Weise (Modaladverbiale) *und* besitzt (Prädikat) *auch* das Recht (Akkusativobjekt) *dazu. Hauptsache,* er (Subjekt) schadet (Prädikat) währenddessen (Temporaladverbiale) niemandem (Dativobjekt).

Übung 4 (Seite 64)

Autosammler (Subjekt) behaupten (Prädikat) oft (Temporaladverbiale): Sie (Subjekt) haben (Prädikat) zahlreichen Menschen (Dativobjekt) genutzt (Prädikat). Wegen der Autonarren (Kausaladverbiale) sind (Prädikat) in Autofabriken (Lokaladverbiale) einige Arbeitsplätze (Subjekt) gesichert (Prädikat). Diesen Umstand (Akkusativobjekt) sollen (Prädikat) die Kritiker (Subjekt) bedenken (Prädikat). Dem Klima (Dativobjekt) schaden (Prädikat) die Autonarren (Subjekt) *jedoch* ziemlich stark (Modaladverbiale). Aufgrund des hohen Benzinverbrauchs (Kausaladverbiale) verringern sich (Prädikat) *auch* die Erdölbestände (Subjekt). Das (Akkusativobjekt) muss (Prädikat) man (Subjekt) diesen Menschen (Dativobjekt) mit aller Deutlichkeit (Modaladverbiale) sagen (Prädikat).

Übung 5 (Seite 64)

Satz 1: Die Sammlung schöner Autos bewunderten häufig viele Freunde des Autonarren. Häufig bewunderten viele Freunde des Autonarren die Sammlung schöner Autos.
Satz 2: Den Besitzer erfüllte beim Anblick der Wagen tiefer Stolz. Tiefer Stolz erfüllte den Besitzer beim Anblick der Wagen. Beim Anblick der Wagen erfüllte tiefer Stolz den Besitzer.

5.2 Genitiv- und Präpositionalobjekt

Übung 1 (Seite 65)

seiner Autosammlung – seiner scharfen Flitzer – seiner Verrücktheit – seiner Haut – eines Besseren – jeder Beschreibung – eines besonders sturen Kritikers

Übung 2 (Seite 65)

Unser Autonarr rühmte sich – Er nahm sich ... an. – Natürlich war er sich ... bewusst. – erwehrte er sich ... und wollte sich ... besinnen. – Er erinnerte sich ...

Übung 3 (Seite 66)

Der Autonarr wandte sich an die Polizei.	Woran? (nicht: an wen?)
Diese forschte nach dem Täter.	Wonach? (nicht: nach wem?)
Er versteckte sich vor der Polizei,	Wovor?
die auf ihn Jagd machte.	Worauf?
Vergeblich wehrte er sich gegen seine Verhaftung.	Wogegen?
Er beharrte auf der Richtigkeit seiner Aktion.	Worauf?
Der Richter verurteilte ihn aber für seine Tat.	Wofür?
Er wies ihn auf den Grundsatz hin,	Worauf?
dass niemand für seine Ideen Gesetze brechen darf.	Wofür?

5.3 Attribute

Übung 1 (Seite 67)

Unser Autofreund, ein Autonarr (Apposition/Subjekt), reparierte den kaputten Porsche (adjektivisches Attribut/Akkusativobjekt) in mühevoller Kleinarbeit (adjektivisches Attribut/Modaladverbiale). Er ärgerte sich über den gewalttätigen Autozerkratzer (adjektivisches Attribut/Präpositionalobjekt).
Der Ärger auf den Typen (Präpositionalattribut/Subjekt) verflog aber, als die Kratzer im Lack (Präpositionalattribut/Subjekt) beseitigt waren und der Porsche des Autofreundes (Genitivattribut/Subjekt) wieder in hellem Glanz (adjektivisches Attribut/Modaladverbiale) erstrahlte.

Übung 2 (Seite 67)

... des Autofreundes. – Der Porsche des Mannes ... – ... der Reparatur. – ... der Geldbeutel des Autofans ... – ... eines Sparschweins. – Mit dem Inhalt des Sparschweins ... die Reparatur seines Wagens ...

5.4 Adverbialsätze

Übung 1 (Seite 68)

In Klammern steht nicht nur die Bestimmung des Adverbialsatzes, sondern auch das passende Fragewort, damit du die Lösung nachvollziehen kannst.

Nachdem der Autofan den ganzen Ärger überstanden hatte … (Temporalsatz: Zeit – Wann?) … weil er keines mehr hatte (Kausalsatz: Grund – Warum?) … sodass er nur einen kleinen Urlaub machen konnte (Konsekutivsatz: Folge – Mit welcher Folge?) … damit er nicht sein ganzes Geld in die Autos steckte (Finalsatz: Zweck, Absicht – Wozu? Mit welchem Zweck?). … falls sie die Folgen gekannt hätte (Konditionalsatz: Bedingung – Unter welcher Bedingung?) … wohin er auch kam (Lokalsatz: Ort – Wo?). … als er aus dem Urlaub zurückkehrte (Temporalsatz: Zeit – Wann?). Wenn man sein Hobby derart übertreibt … (Konditionalsatz – Bedingung: Unter welcher Bedingung?) … Als der Mann seine Rechnungen nicht mehr bezahlen konnte … (Temporalsatz: Zeit – Wann?) … sodass er sehr traurig wurde (Konsekutivsatz: Folge – Mit welcher Folge?)

5.5 Subjekt- und Objektsätze, Relativsätze

Übung 1 (Seite 69)

Eine Tätigkeit, <u>die Spaß macht</u>, wird oft zum Hobby.	Welche Tätigkeit wird oft zum Hobby?	Relativsatz
<u>Dass Arbeit nicht immer Spaß macht,</u> ist normal.	Wer oder was ist normal?	Subjektsatz
<u>Dass jemand sein Hobby zum Beruf macht</u>, hört man selten.	Wen oder was hört man selten?	Objektsatz

Übung 2 (Seite 69)

dass sich das Wort Hobby von hobby-horse ableitet: O; das klein ist: R; dass man damit auch ein Kinderspielzeug bezeichnet: S; das hier gemeint ist: R; welches aus einem Stecken mit einem Pferdekopf darauf besteht: R; Dass der Ausdruck „Steckenpferd" von vielen als Synonym zu „Hobby" gebraucht wird: O; dass man mit der Tätigkeit kein Geld verdient: S; Dass mancher durch sein Hobby reich geworden ist: O; die man kennt: R; Dass Hobbys vor allem Geld verschlingen: S

Abschlusstest

Aufgabe 1 (Seite 70)

Für jede richtige Lösung gibt es einen Punkt! Nur lateinische Fachbegriffe gelten.

<u>Aus der Geschichte des Autonarren</u> (Präpositionalobjekt: Woraus …?) <u>lernen</u> (Prädikat) <u>wir</u> (Subjekt) <u>etwas Wichtiges</u> (Akkusativobjekt): *Auch* <u>in der Freizeit</u> (Temporaladverbiale) <u>sollte</u> (Prädikat) <u>man</u> (Subjekt) <u>aus vielen Gründen</u> (Kausaladverbiale) <u>niemals</u> (Temporaladverbiale) <u>die Vernunft</u> (Akkusativobjekt) <u>verlieren</u> (Prädikat) *und* <u>sich</u> (Prädikat – *sich* ist ein Reflexivpronomen und gehört zum Prädikat; siehe S. 56 und 65) <u>rechtzeitig</u> (Temporaladverbiale) <u>eines Besseren</u> (Genitivobjekt) <u>besinnen</u> (Prädikat). <u>Manche Menschen</u> (Subjekt) <u>übertreiben</u> (Prädikat) *beispielsweise auch* <u>sportliche Betätigungen</u> (Akkusativobjekt). <u>Sport</u> (Subjekt) <u>hilft</u> (Prädikat) <u>jedem</u> (Dativobjekt) <u>sicherlich</u> (Modaladverbiale) *und* <u>fördert</u> (Prädikat) <u>die Gesundheit</u> (Akkusativobjekt). <u>Manche Segler</u> (Subjekt) *jedoch* <u>fahren</u> (Prädikat) <u>am liebsten</u> (Modaladverbiale) <u>auf das stürmische Meer</u> (Lokaladverbiale) <u>hinaus</u> (Prädikat), <u>manche Skifahrer</u> (Subjekt) <u>benutzen</u> (Prädikat) <u>gefährlichste Pisten</u> (Akkusativobjekt) *und* <u>viele Sportler</u> (Subjekt) <u>hören</u> (Prädikat) *nicht* <u>auf körperliche Alarmsignale</u> (Präpositionalobjekt).

Aufgabe 2 (Seite 70)

Für jede richtige Lösung gibt es einen Punkt!

Die Römer, ein kluges Volk (Apposition), sagten: In einem gesunden (adjektivisches Attribut) Körper wohnt ein gesunder (adjektivisches Attribut) Geist. Beachte die Weisheit dieses Sprichworts (Genitivattribut)! Höre auf die Alarmsignale in deinem Körper (Präpositionalattribut)!

Aufgabe 3 (Seite 70)

Für jede richtige Lösung gibt es einen Punkt!

Wenn du vernünftig Sport treibst (Konditionalsatz)... – Während du trainierst (Temporalsatz)... – ...damit du deinem Körper nicht schadest (Finalsatz) – ...sodass sie sich schaden (Konsekutivsatz). Weil das so ist (Kausalsatz)... – Indem du vorsichtig Sport betreibst (Modalsatz)... – ...wo immer du lebst (Lokasatz).

6.1 Grundlagen: Wortbestandteile, Wortstamm, Wortfamilie

Übung 1 (Seite 72)

	Vorsilbe (Präfix)	Wortstamm	Nachsilbe (Suffix)	grammatikalische Endung
befreien	be	frei		en
Freiheit		Frei	heit	
unfrei	un	frei		
erreichen	er	reich		en
du erreichst	er	reich		st
des Baums		Baum		s
unkindlich	un	kind	lich	

Übung 2 (Seite 73)

Riese – riesig, groß – vergrößern, Hass – hassen – hässlich, ängstlich – ängstigen, neu – erneuern – Neuigkeit, Haus – Häuser – häuslich – Gehäuse, froh – fröhlich, freuen – Freude, Name – nämlich, Ende – unendlich – beenden, Volk – Bevölkerung – bevölkern

6.2 Schärfung

Übung 1 (Seite 74)

Es gibt schon dumme Verbrecher. In einem deutschen Ort passierte Folgendes: Ein Räuber, der sich ganz gerissen vorkam, schob einen Zettel (Wortstamm besteht aus zwei Silben; entscheidend ist laut Regel aber, ob nach dem betonten Vokal ein oder mehrere Konsonanten folgen) mit den Worten: „Das ist ein Überfall!" über den Schalter einer Bank. Der Angestellte ergriff das Blatt, drehte es um und grinste. Denn dort fand er einen Stempel mit Name, Anschrift und Telefonnummer des Gangsters. Als der das merkte, stürmte er zornig hinaus. Doch umsonst! Die Polizei fasste ihn schnell.

Übung 3 (Seite 74)

starten/starrten: Bei *starten* endet der Wortstamm auf die Konsonantenhäufung *rt*, deshalb wird *r* nicht verdoppelt. Bei *starren* endet der Wortstamm nur auf den Laut *r*, der deshalb verdoppelt werden muss, um deutlich zu machen, dass das *a* im Stamm kurz gesprochen wird. Das *t* in *starrten* gehört bereits zur Endung.
Hütte/Hüte: In *Hütte* wird der Stammvokal *ü* kurz gesprochen, in *Hüte* lang. Nach langem Vokal wird der Konsonant nicht verdoppelt.

Übung 4 (Seite 75)

Socken, stinken, verwelken, witzig, kreuzen, Stütze, Benzin, Rotz/Rock, Borkenkäfer, nachdenklich, spicken, kratzen, heizen, Birke, sitzen, reizvoll, tanken/tanzen, ritzen, Kerze, Fink, hetzen, Schluckauf, Arzt, Becken, Medizin, ekelig, ganz, Spreizhose, seufzen, eckig, ticken, Lücke, Keks, er leckt, sie schluckt, er hetzt, er steckt, du petzt

6.3 Dehnung

Übung 3 (Seite 77)

schwören (4), lügen (3), wählen (1), Ruhe (2), er schlug (3, 4), bedauerlich (5), betrauern (4,5), quaken (3, 4), blau (5), bemühen (2), Ruhm (1), Kohle (1), speisen (3, 4, 5), Mühle (1), Gemäuer (5), Tote (3, 4), kühn (1), ernähren (1), teuer (4,5), Flöhe (2), unermüdlich (3), Söhne (1)

6.4 *s*-Rechtschreibung: *s, ss* oder *ß*?

Übung 1 (Seite 78)

Lust auf lustige Nonsens-Sätze und Schnapsideen? Ausgewachsene Gänse bremsen auf Inseln meistens abwechselnd vor grinsenden Linsen und listigen Erbsen. Auf einem rostigen Kasten rasten die hustenden Krebse, die lästigen Kekse und die rätselhaften Füchse. Geister pusten hastig durch die Löcher ihrer Weste. Belästigt dich der dreiste (= unverschämte) Meister?

Übung 2 (Seite 78)

Mit Genuss gebe ich ihm besser einen Kuss und verpasse ihm eine Nuss. Man kann es nicht fassen, dass Leute in den Tassen immer etwas übrig lassen, obwohl es noch würde in ihren Magen passen. Wissen macht unermesslich hässlich.

Übung 3 (Seite 79)

er lost – losen/Lose; unbeweisbar – beweisen; er fließt – fließen; schließlich – schließen; preiswert – preisen/Preise

Übung 4 (Seite 79)

Der schneeweiße Fußball genießt es, draußen auf reißenden Bächen herumzudüsen. Die riesige Bluse döst außerdem auf dem heißen Eisen und grüßt den bösartigen Chef mit den lausigen Füßen, der gerade vor den fleißigen Eseln ausreißt. Er büßt für seine Bosheiten und macht keine miesen Späßchen mehr.

Übung 5 (Seite 80)

reißen – der Riss, rissig; Schuss, geschossen – schießen; Abschluss, Schluss, verschlossen – schließen, schließlich, abschließend; wissen, wissentlich, Wissbegierde, ich wusste – du weißt; Vergesslichkeit, vergessen – wir vergaßen; essen, du isst, gegessen – er aß

Übung 6 (Seite 80)

Riese: riesig; blasen: das Gebläse; losen: das Los; lesen: die Lesung; Eis: eisig, vereisen; groß: die Größe, vergrößern; stoßen: der Stoß; bloß: entblößen; Spaß: spaßen, spaßig, das Späßchen; beißen: der Biss; messen: unermesslich, vermessen, das Maß, maßlos, sich mäßigen

Übung 7 (Seite 81)

Es ist bekannt, dass (–) Richter einiges erleben. Aber das (dieses), was einem französischen Richter passierte, das (dieses) ist schon unglaublich. In seiner siebenjährigen Amtszeit war es das (dieses) 17. Mal, dass (–) derselbe Einbrecher vor ihm stand. Dem Kerl wurde zur Last gelegt, dass (–) er in eine Wohnung eingestiegen war. Dort aß er so viel von dem Essen, das (welches) er in der Küche fand, dass (–) er sich todmüde auf das (dieses) Sofa legte, das (welches) im Wohnzimmer stand. Er schlief so fest, dass (–) die Polizei ihn wachrütteln musste. Der Richter tobte: „Dass (–) es einen unfähigeren Einbrecher als Sie gibt, das (dieses) kann ich mir nicht vorstellen. Das (dieses) nächste Mal weigere ich mich, dass (–) ich gegen Sie verhandle. Dann können Sie selbst sehen, dass (–) Sie einen Richter finden, Sie Null." Ob das (dieses) wirklich das (dieses) letzte Verfahren gegen den Mann war, das (dieses) ist leider nicht bekannt.

6.5 Groß- und Kleinschreibung

Übung 1 (Seite 82)

die Freiheit, die Heftigkeit, das Wagnis, die Frechheit, die Sturheit, die Prügelei, die Wirkung, die Heiterkeit, das Erlebnis

Übung 2 (Seite 82)

jubeln: das Jubeln, dieses Jubeln, beim Jubeln, sein häufiges Jubeln
weinen: das Weinen, dieses Weinen, beim Weinen, sein häufiges Weinen

Übung 3 (Seite 83)

schön: das Schöne, wenig Schönes, etwas Schönes, nichts Schönes
dumm: das Dumme, wenig Dummes, etwas Dummes, nichts Dummes

Übung 4 (Seite 83)

Beim Überfallen einer Bank sollte man schon Geschicklichkeit zeigen. Bereits das Betreten der Bank bereitete drei Räubern in Schottland Probleme. Infolge des Steckenbleibens in einer Drehtür mussten Bankmitarbeiter sie befreien. Die Männer verließen etwas verwirrt das Bankgebäude. Nach einigen Minuten der Entspannung drangen sie dieses Mal erfolgreich zur Kasse vor und forderten das Herausgeben von 5000 Pfund. Aber kein Bediensteter nahm sie ernst. Die Kassierer konnten sich kaum beruhigen vor Lachen. Ein solches Verhalten hatte natürlich etwas Verunsicherndes für die Räuber, die ihre Forderung deshalb erst auf 500 Pfund und dann sogar auf 50 Pfund senkten. Jetzt brüllten alle Mitarbeiter vor Vergnügen. So viel Missachtung war zum Davonlaufen, aber die Räuber wollten noch nicht aufgeben. Einer sprang mutig, aber ungeschickt über den Schalter. Beim Landen rutschte er aus, brach sich einige Rippen und war zum Aufstehen nicht mehr fähig. Dieses erneute Missgeschick war zu viel. Die anderen beiden Räuber suchten ihr Heil in der Flucht. Doch auch das Davonlaufen misslang: In ihrer Verwirrtheit stürmten sie in der falschen Richtung durch die Drehtür und blieben erneut stecken.

Übung 5 (Seite 84)

Hinweis: Es sind in der Regel verschiedene Lösungen möglich. Prüfe vor allem, ob du den Superlativausdruck richtig geschrieben hast.

a) Fußballspielen gefällt mir am besten/am meisten/am wenigsten.
b) Luft brauche ich am meisten.
c) Mit Puppen spiele ich am häufigsten/am liebsten/am meisten/am wenigsten.
d) Einen Krieg brauchen wir am wenigsten.

Übung 6 (Seite 84)

Gestern Abend hatte ich eine Idee: Ich würde morgen ziemlich früh beschließen, dass ich ab übermorgen alles anders machen würde. In der Frühe würde ich nicht aufstehen, sondern erst am späten Nachmittag. Ich würde am Abend frühstücken, zur mitternächtlichen Stunde zu Mittag essen, nachts meine Freunde besuchen und am frühen Morgen mein Abendessen verdrücken. Bisher mag ich den Morgen nicht, weil ich morgens immer zur Schule gehen muss, aber in Zukunft würde ich diese Tageszeit lieben. Nun gut, am zweiten Mittag würde wahrscheinlich schon die Schule bei meinen Eltern anrufen und am dritten Morgen würde ich wieder in die Schule gehen müssen.

6.6 Schwierige Konsonanten

Übung 1 (Seite 85)

Aufzug: Aufzüge; tanzend: tanzende; Kalk: kalken; tragbar: tragen; gepumpt: pumpen; getobt: toben; es verstaubt: verstauben; folgsam: folgen; Getränk: trinken; Rat: raten; Rad: Räder, radeln

7.1 Komma bei Aufzählungen, Einschüben, Anreden, Vergleichen

Übung 1 (Seite 88)

Kennst du diese gefährliche, dumme Falle der Prüfungsvorbereitung? Du trainierst zwar Aufgaben und machst Übungen und beherrschst sie auch. In der Klassenarbeit gerätst du aber entweder unter Zeitdruck oder wirst gar nicht fertig. Richtiges, professionelles Üben bedeutet hingegen: Du trainierst sowohl das Lösen-Können der Aufgabe als auch die flotte Bearbeitung. Ein Tempo-Training in Mathematik geht so: Wenn du einen Aufgabentyp durch Nachdenken, Überlegen, Üben grundsätzlich lösen kannst, stoppst du die Zeit, die du für das richtige, korrekte Lösen einer solchen Aufgabe brauchst. Dann versuchst du eine gleichartige Aufgabe zehn, fünfzehn Sekunden schneller zu lösen. Keine größeren, längeren Sprünge machen! Das würde dich nur unter ungesunden sowie angstfördernden Stress setzen. Diese clevere, intelligente Form des Übens kostet übrigens nicht mehr Zeit. Du kannst sie nämlich ganz normal im Rahmen der täglichen, unvermeidbaren und ohnehin anstehenden Hausaufgaben durchführen.

Übung 2 (Seite 89)

„Gibt es noch eine Falle der Prüfungsvorbereitung, Herr Müller?“, erkundigt sich Lukas. Der Lehrer, ein geduldiger Mensch, antwortet: „Kennst du die Zu-viel-auf-einmal-Falle, Lukas?“ Lukas antwortet grinsend: „Nur vom Essen!“ „Beim Lernen kann man sich statt des Magens das Gehirn, das wichtigste Lernorgan, verderben“, erklärt Herr Müller. „Wenn man nämlich im Alter von 12, 13 Jahren mehr als eine Stunde lang dasselbe lernt, kann das Gehirn nichts mehr speichern, Lukas. In dieser Hinsicht ist dein Gehirn wie ein Schwamm. Der Schwamm speichert einige Zeit hineinlaufendes Wasser. Die Poren des Schwamms sind bildlich wie die Zellen deines Gehirns. Wenn sie nichts mehr speichern können, läuft alles durch. Nur ist es beim Gehirn schlimmer, als es beim Schwamm ist: Der anfangs gelernte Stoff wird durch zu langes Lernen mehr durcheinandergebracht, als du dir vorstellen kannst. Lukas, zehn Tage lang je eine halbe Stunde zu lernen bringt mehr als fünf Stunden auf einmal.“

7.2 Komma zwischen Haupt- und Nebensätzen

Übung 1 (Seite 90)

Vielleicht kennst du aus eigener Erfahrung die Angst, die einen in Prüfungen packen kann. Es geht nicht um das Lampenfieber, das dich vor der Prüfung zittern lässt. Entscheidend sind die Ängste, die noch während der Prüfung bestehen. Hinter der Prüfungsangst steht eine Überzeugung, welche manchem gar nicht richtig bewusst ist. Man meint, dass man etwas nicht kann. Wer davon überzeugt ist, versagt oft in Prüfungen.

Übung 2 (Seite 90)

Wer unter Prüfungsangst leidet, ist unkonzentriert, da ein großer Teil seines „Arbeitsspeichers“ im Gehirn mit den Selbstzweifeln und der Angst vor möglichen Folgen besetzt ist. Dadurch kommt es, dass er sich die Aufgaben gar nicht in Ruhe anschauen kann. Wer Aufgaben aber nur überfliegt, übersieht wichtige Teile. Außerdem neigen Ängstliche dazu, dass sie nur die schwierigen Teile einer Aufgabe sehen und deshalb schneller aufgeben. Selbst wenn sie eine Aufgabe beginnen, wird (beispielsweise in Mathematik) die innere Rechenmaschine ständig von den Selbstzweifeln gestört. Falls nun die Aufgabe nicht läuft, geben Ängstliche ebenfalls schneller auf. Manchmal beißen sie sich in ihrer Panik auch an der Aufgabe so sehr fest, dass sie gar nicht aufhören können und dadurch erst recht nicht weiterkommen. Insgesamt ist es also kein Wunder, dass ein Prüfungsängstlicher in Klassenarbeiten versagt. Die dann folgende schlechte Note bestätigt ihm nur, dass er etwas nicht kann. Man nennt das einen Teufelskreis, aus dem es schwierig ist zu entkommen. Sobald du Selbstzweifel bereits während der Zeit hast, in der du dich auf eine Prüfung vorbereitest, ist es besonders schlimm, da du dann schon beim Lernen nur mit halber Kraft dabei bist.

7.3 Komma bei Infinitivgruppen

Übung 1 (Seite 91)

Um das eigene Selbstbewusstsein zu stärken, gibt es einige gute Mittel. Allerdings haben sie eines gemeinsam: Sie setzen voraus(,) gut gelernt zu haben. Die Hoffnung, sie anwenden zu können, ohne dass man gelernt hat, ist ein Irrtum. Ein Weg, um das Selbstbewusstsein zu stärken, besteht darin, sich nicht nur als Schüler zu sehen. Nur auf die Prüfung zu starren(,) verstärkt die Spannung. Konzentriere dich stattdessen einmal darauf, deine guten Seiten außerhalb des Angstfaches zu sehen. Vielleicht stellst du fest: „Ich bin in der Lage, gut zuzuhören.“ – „Ich beherrsche es, den Ball ins Tor zu schießen.“ – „Zu mir kann man kommen, um Hilfe zu erhalten.“ Du hast die Sorge, in Selbstlob zu versinken? Die Gefahr besteht nur, wenn du es tust, um damit anzugeben. Die Aufgabe, solche guten Seiten zu finden, machst du aber nur für dich selbst. Ausschließlich auf die schlechten Seiten zu schauen, das gibt dir keine Kraft. Stattdessen läufst du Gefahr, noch niedergeschlagener und damit noch prüfungsängstlicher zu werden.

Abschlusstest

Aufgabe (Seite 92)

Jedes falsch gesetzte Zeichen zählt als ein Fehler.

Es gibt noch einen guten Weg, um den Kampf gegen bösartige, heimtückische Prüfungsangstmonster zu führen. Man sollte zwei Wochen vor der Klassenarbeit genau aufschreiben, wie viele Stunden man für die Arbeit geübt hat. Dabei notiert man die Zeiten für alles, was mit diesem Fach zu tun hat, man schreibt also auch Hausaufgaben und Zusatzübungen auf. Wenn man überlegt, kommen so normalerweise viele Stunden zusammen. Tun wir einmal so, als ob zehn Stunden gezählt wurden. Das ist eine beeindruckende Zahl, die für viel Arbeit steht. Nun stellt man sich vor, dass man die Zahl Zehn wie einen starken, großen Schutzschild vor sich hält. Das Prüfungsangstmonster, das einen niedermachen will, kommt gegen eine solche Zahl nicht an. Hat man sich dagegen nur zwei oder drei Stunden vorbereitet, wäre der Schutzschild natürlich sehr klein. Dann wäre klar, dass man Angst hat, da zwei oder drei Stunden als Vorbereitungszeit für eine Klassenarbeit zu wenig sind. Die dicke Zehn steht aber dafür, dass man viel getan hat.

Hier folgt noch ein Tipp, der dir helfen kann, um den Kampf zu führen: Male ein Bild, auf dem du das Prüfungsangstmonster so gestaltest, wie du es dir vorstellst. Zeichne anschließend den Schutzschild, auf dem die Zahl deiner Arbeitsstunden steht. Dieses zweite Blatt legst du über das erste, sodass du richtig siehst, wie die dicke, fette Zahl das Monster zudeckt. Sobald du in die Prüfung gehst, denkst du immer wieder an diese Monstervertreibung. Du wirst mit großer Wahrscheinlichkeit die Erfahrung machen, weniger Angst als früher zu haben.

Bildnachweis

DigitalStock
Seite 75 © G. Schierling; Seite 83 © F. Aumüller

PantherMedia
Seite 5 © Yuri Arcus; Seite 7 (rechts) © Sefa Ugurlu; Seite 11 (oben) © Bernard Susanne Heckendorn; Seite 11 (unten) © Norbert Schröter; Seite 21 © Elmar Tomasi; Seite 35 © Robert Kneschke; Seite 51 © Britta Welle; Seite 58 © Jan Savas; Seite 64 © Meseritsch Herby; Seite 74 © Stanislav Popov

PIXELIO
Seite 7 (links) © Ulrich E. K. Schmidt); Seite 8 © c. lettau; Seite 88 © Claudia Hautumn

PHOTOCASE
Seite 17 © dancerP; Seite 19 © kallejipp; Seite 81 © mschmidt

Shutterstock
Seite 89 © spe; Seite 99 © Denis Miraniuk

www.fotolia.de
Seite 13 © Phototom; Seite 14 © Mikael Damkier; Seite 27 © Sam Spiro; Seite 36 © outdoorsman; Seite 39 © Marcus Mantel; Seite 40 © Martin Friese; Seite 41 © Martin Schweizer; Seite 42 © Little Sisters; Seite 54 © Qilux; Seite 61 © Udo Kroener; Seite 63 © titelio; Seite 66 © nicolasjoeschirado; Seite 71 © mattilda; Seite 72 © Michael Kempf; Seite 85 © Alexander Yakolev; Seite 87 © drizzd; Seite 91 © Edyta Pawlowska; Seite 93 © p!xel

Abbildungen auf Seite 47 und Seite 48 © **The Coca-Cola Company**

Lageplan auf Seite 33 **Ute Ohlms**

Stichwortfinder

Zusätzliche Übungen mit Lösungen zu jedem Kapitel findest du auf unserer online-Lern-Plattform www.gute-noten-in.de

Mit deinem Passwort für Deutsch, Klasse 6, kannst du dich ganz einfach kostenfrei einloggen und üben:

Nm8X4z